Reise nach Kreta

Reise nach Kreta

Kulturkompass fürs Handgepäck

Herausgegeben von Ulrike Frank

Übersetzungen von Carl Bach, Ernst Robert Curtius, Frederik Hetmann, Lola Humm-Sernau, Bernhard Jendricke, Asteris Kutulas, Monique Retterspitz, Isidora Rosenthal-Kamarinea, Thassilo von Scheffer, Gerlinde Schermer-Rauwolf, Alexander Steinmetz, Marianne Sterling, Gisela von der Trenck und Doris Wille

Unionsverlag
Zürich

Im Internet
Aktuelle Informationen,
Dokumente, Materialien
www.unionsverlag.com

Unionsverlag Taschenbuch 472

Rieterstrasse 18, CH-8027 Zürich
Telefon 0041-44-283 20 00, Fax 0041-44-283 20 01
mail@unionsverlag.ch

Verwendung der Karte auf der Umschlaginnenseite mit freundlicher Genehmigung des Reise Know-How Verlags, Bielefeld.
Reihengestaltung: Heinz Unternährer, Zürich
Umschlaggestaltung: Peter Löffelholz, Zürich
Umschlagfoto: Manuel Velasco
Druck und Bindung: CPI – Clausen & Bosse, Leck
ISBN 978-3-293-20472-0

Die äußeren Zahlen geben die aktuelle Auflage
und deren Erscheinungsjahr an:
1 2 3 4 5 – 12 11 10 09

Inhalt

Cherete! – Die Insel der Gastfreundschaft

Erhart Kästner

In der Messara gilt immer noch, ehemals wie heut, das Cherete! Freue dich! Und es beglückt, Hunderte Mal des Tages mit diesem schönsten Gruße der Welt gegrüßt zu werden. Besonderer ist das Kalos orisate!, das einem beim Betreten des Dorfes oftmals geschenkt wird. Es bedeutet Herzlich willkommen, und ich bin nun genügend eingewohnt, um darauf antworten zu können: Kalos sas vrika! Gut, find ich dich vor.

Es kam mir, während ich so an den Hängen und Falten des Ida entlangzog, auf die kürzesten Wege nicht an. Solang das Gebirge, das ich umkreiste, sich türmend zur Rechten erhob und zur Linken die tiefen Blicke blieben ins Tal, war es gut. Wir hatten Zeit, mein Esel und ich, und die Mühe war uns köstlich – wenigstens mir. Ich hatte kein Ziel, als das ich mir setzte, und der Esel gar keins. Wer mich gefragt hätte, welcher Wochentag es sei und welcher im Monat, der war mein Feind.

Einmal im glühenden Hochmittag saß ich nah einem Dorf an einem Quellbrunnen auf glatt gesessenem Steine. Der Esel stand im Schatten einer Platane. Hinter der Mauer wuschen die Frauen in steinernen Trögen.

Ein Bauer kam auf einem Maultier daher, groß, jung und

stattlich. Er stieg ab, das Maultier soff. Bald kam ein Zweiter, ein Dritter, dann waren es fünf. Wir hatten ein gutes Platanengespräch. Schließlich hatte der Erste eine Idee. Ich sollte mit zu ihm kommen, er lasse Berghühner braten. Alle vier anderen zogen mit.

Der schwärzliche Hausraum war gegen die Straße zu offen, der Vorplatz beschattet von Weingerank. Die Einrichtung bestand aus einer Bank, drei wackligen Stühlen und einer uralten Europakarte, auf der alle Namen seltsam vergriechischt waren. In der Ecke war der Küchenkamin, der Boden war Lehmgestampf.

Der Proedros, der Schultheiß des Dorfs, fand sich auch noch ein. Er trug die blau gestickte Kreta-Weste, das geriffelte weiße Hemd und die Pluderhose. Sie nahmen ihn nicht sehr ernst.

Die Einladung begann mit Raki, dem kretischen Treberschnaps. Sechsmal musste ich is igian, zur Gesundheit, Bescheid tun. Dann fiel es dem Ersten ein, mir kali patrida, glückliche Heimkehr ins Vaterland, zuzutrinken, und alle folgten. Das waren zwölf Rakis für mich. Mittlerweile wurden vier erlegte Berghühner vorgezeigt. Die Gegend ist reich daran, es waren ihrer viele vor meinen Bergwegen aufgeflattert, ich hatte sie bisher für Rebhühner gehalten. Sie waren am Quell in die Schlinge gegangen. Die Frau begann, sie zu rupfen und vor unsern Augen zu braten.

Ein Tisch war nicht da, die Gläschen standen auf einem Stuhl in der Mitte. Es gab ohnehin ihrer nur zwei; ich gab fleißig acht, dass mir dasselbe verblieb, während das andere die Runde machte. Auch die Hühner, als sie gar waren, schnell und duftend gebraten, mussten sich auf dem Stuhle bequemen. Es war auch nur ein einziger Teller vorhanden.

Zu den Hühnern gab es nun roten Wein, wieder sechsmal is igian und sechsmal kali patrida. Die Unterhaltung war voller Scherze und ausgelassen, ein Wunder bei meinem dürftigen Griechisch; aber es ging. Eh ichs versah, war die Sonne im Sinken.

Der Abschied war herzlich bewegt wie nach langer Freundschaft. Sie gaben mir das Geleit bis vors Dorf. Ich hätte jedoch nicht die Hand dafür ins Feuer gelegt, dass nicht einer oder der andre von ihnen mit den Banden des Ida zum mindesten gut stand.

Gewiss war mein Erscheinen im Dorf nichts Besonderes, und meiner Bewirtung lag keinerlei Absicht zugrunde. Es war nur der Anlass, einen Nachmittag zu verfeiern – einen Nachmittag wie diesen: voll griechischer Armut, voll griechischen Reichtums. Voll griechischer Lebensleichte, die nichts vom Dasein verlangt – was es schenkt, aber genießt in umarmender Weltlust.

Der Bauer, bei dem ich zu Gaste war, war sicher nicht besser und nicht schlechter gestellt als die andern. So wie er behaust war, sind sie es alle. Aber die Gastfreundschaft ist ein elementarer Trieb, der heftigsten einer. Auf Kreta, wo alles leidenschaftlich gesteigert ist, ist er noch stärker als auf dem Festland. Es ist einer der schönsten Triebe unter Menschen, von geradezu biblischer Macht, überwältigend in seiner aufbrechenden Güte: ganz ungemischt. Man irrte, wollte man meinen, dass er nicht rein sei, wie ich es oftmals erwog: dass vielleicht das Bedürfnis zu gelten bestimmend im Spiele sei oder etwas, das man mit den Worten umschriebe: Sie kaufen die Seele des Gastes. Es ist ein Trieb, ursprünglich und rein, der uns, es bleibt zu gestehen, in dieser Kraft fremd ist. Nicht hundert-, sondern tausendmal erfahren im Kleinen und Großen, sammelt sich im Beschenkten viel Dank gegen das Land. Nicht immer ist einem das Gastsein gerade erwünscht, doch kann man sich schwerlich entziehen. Ich erinnere mich da der Erzählung eines Archäologen, der mir für Kreta den Rat gab, in einsamen Dörfern Einladungen möglichst nie abzuschlagen. Die Kreter seien imstande, den widerspenstigen Gastfreund als Feind zu betrachten und zu verfolgen. Für ihn selber, der körperlich nicht der Festeste war, meinte er, sei das oftmals recht peinlich. Denn es liefe von Dorf zu Dorf auf eine Unzahl von Rakis hinaus, und bis er dann endlich angelangt sei, sei seine wissenschaftliche Erkenntniskraft heftig getrübt.

Während damals die Hühner gebraten wurden, dachte ich an die Küche drunten im Staatsgut von Ambelusos, wo ich während meiner Tage in der Messara zu Gast war. Es war ein großer und stattlicher Gutsbetrieb. Eines Nachmittags wollte ich uns einen Kaffee kochen und suchte deshalb die Küche. Sie war in einem Schuppen auf dem Hof. Als ich sie betrat, sah ich, dass so gut wie alle Voraussetzungen für mein Vorhaben fehlten. Wäre nicht der Kamin gewesen, auf dem ein paar Zweige glommen, und nicht drei rußige Tiegel an der Wand, so hätte nichts darauf schließen lassen, dass man sich in der Kochwerkstatt eines reichen Gutes befinde. Ich sah keine Schüsseln zum Anrühren und keine zum Abspülen, kein Wasser, kein Geschirr, keinen Eimer, kein Tuch. Als Schöpflöffel war eine alte Konservendose da, deren Henkelstiel aus gewickeltem Draht bestand. Ich ging an das Wrack eines Schrankes und öffnete ihn: Mir bot sich das Bild der Vergänglichkeit. Keinerlei Vorräte waren da. Nur auf den Mienen der Kochfrau malte sich ein großer, ein unerschöpflicher Vorrat von Ergebung und von Geduld. Es war mir ein Rätsel, wie aus dem Nichts dieser Mittel täglich ein Essen entstehen konnte, das vielfältig und von ausgesprochener Kultur war. Diese schwärzliche Alte in Lumpen, unterm Kopftuch ein Lächeln und einen Demutsblick, der einer gemalten Madonna würdig war, brachte mit nichts Gerichte zustande, die viel erfindungsreicher und viel nuancierter waren, als man es aus vielen sehr weiß lackierten und apparatereichen Küchen Europas bekommt. Wie der Phönix aus der Asche entstieg diesem unsauberen Rauch- und Feuerloch von Küche täglich das Beste.

Für mich war weder eine Kaffeemühle noch ein Sieb vorhanden. Von irgendwoher wurde schließlich ein Mörser gebracht, der nicht frei von Grünspan war. In einem Kessel, der wohl hätte ein Kalb zum Sieden aufnehmen können, wurde Wasser zugesetzt. Da kein Deckel da war, wölkte der Rauch sich darüber hin; das Feuer wurde durch Blasen entfacht. Als es so weit war, fand sich das Halbe eines Teeeis aus Aluminium. Es wurde an eine Gabel gezinkt, so gossen wir ab.

Wie diese Küche, so malt sich das Bild jeder Werkstatt, jeder Ölpresse, jeder Weinkelterei. Es ist immer wieder erheiternd, wie und womit sie sich helfen. Neues machen sie bald kaputt, wie die Kinder. Aber im Kampf mit dem Ewigkaputten bleiben sie Meister.

Alle Voraussetzungen fehlen. Das bringt ins Dasein Neugriechenlands so etwas Abstraktes. Hier ist das Leben eine Improvisation.

Den Bürgermeister von Wassiliki besuchte ich eines Mittags in seinem Hause. Er war ein schöner kretischer Mann, schlank und beweglich, Klugheit im dunklen Blick. Das schwarze Fransentuch trug er ringförmig um Kopf und Stirne gewunden. Der abwärtsgebogene Schnauzbart hing aufs Rasierte. In der wollenen Leibbinde steckte der krumme Kretadolch. Er war höchst angesehen im Dorf, und sein Wille galt.

Ich fand ihn im Kreise der Seinen, einer noch jungen Frau mit energischem Kinn und vier wild aufwachsenden Kindern. Der älteste Bub bot wie ein Leuchterengel beidhändig auf zwei Tellern Wein, Nüsse, Käse und Schnaps an. Ich sah das Bild des Familienstolzes und eines erreichten Lebensglücks.

Ich kannte seine Geschichte und hörte sie nun aus seinem

Munde zum zweiten Mal. Er erzählte sie, als ich ihn fragte, voll Stolz und Humor und unterbrach sich durchaus nicht, als vor dem Fenster die Dorfstraße entlang im heißen Mittag ein Trauerzug kam mit laut schreienden Weibern. Denn in der vorigen Nacht war einer beim Diebstahl von zwanzig Schafen erschossen worden.

Die Geschichte aber war die: Der Mann war dereinst als Junge ein Schafhirt gewesen, ein Habenichts. Doch er liebte die Schwester des Arztes im Dorf, ein Mädchen, das schön war und reich und von guter Familie – unerreichbar für ihn. Seine Liebe war hoffnungslos.

Doch dies war der Moment, wo er sich und sein Schicksal selbst aus den Angeln hob. Er sattelte um, und wenn er bisher nur gelegentlich Schafe aus fremden Herden gestohlen, so tat ers nun planvoll. Mit Tatkraft und Fleiß stahl er sich bald einen ansehnlichen Viehbesitz zusammen. Die Liebe des Mädchens wuchs angesichts solcher Erfolge. So trat er eines Tages, kein Habenichts mehr, von Neuem als Werber beim Arzte auf.

Der Arzt aber erklärte, einem offenkundigen Diebe gebe er seine Schwester erst recht nicht. So blieb nur, das Mädchen zu rauben. Es geschah. Das Paar hielt sich einige Tage in den Bergen versteckt.

In solchen kretanischen Fällen ist das Entscheidende, dass nicht nur das Mädchen, sondern diesem die Unschuld und damit der ganzen Familie die Freiheit geraubt wird, so oder so zu entscheiden. Denn der Wert eines Mädchens nach solch einem Fall ist gleich nichts. Was zu retten ist, kann nur durch schleunige Dreingabe an den geschehen, der sich das Seine schon nahm.

Die erzwungene Hochzeit wurde gefeiert, aber die Familie der Braut sah den neuen Verwandten nicht an.

Nun aber, seis unter dem Einfluss des energischen Kinns, seis im geweckten Stolz auf die neue Verwandtschaft, geschah mit dem Manne eine Verwandlung. Er begann, Haus zu halten. Drei Jahre, und er hatte es zum Bürgermeister des reichen Ortes gebracht. Er blieb es neun Jahre, bis zum heutigen Tag.

Die Feindschaft des Arztes begann sich zu legen, und eines Tages schlossen sie Frieden: den Frieden achtbarer Männer. Wessen, bei häufigem Raki, im Laufe des Abends ich Zeuge war.

Eines Morgens, es war zwischen blau besonnten Bergen im Tal, zog ich die weiße Straße entlang. Die Sonne stand mir entgegen und blendete mich zwischen Ölbaumgefieder.

Da schallte mir Frauenlärm zu. Ich sah in den Windungen des Weges noch nichts. Ein kleiner Zug kam dann auf. Eine junge Mutter, die auf dem Esel saß, im Kopftuch, ein Kinderbündel im Arm. Der Mann nebenher.

Ich glaubte, die Frau scherze mit dem Kinde über die Maßen laut. Welcher Irrtum aber, als sie nahe vorüberzogen! Ihr Gesicht war von Tränen beflossen, und ihr Rufen war Jammer und Klagen. Es war beinah ein Singen, immer dieselben Töne, gellend und schreilaut, und immer dieselben Gesten. Sie schlug sich vor die Stirn, sie warf den Arm weit hinaus und das Antlitz zum Himmel empor und vergrub es dann wieder im Bündelchen.

Es war eine kretische Totenklage.

Der Mann gab dem Esel antreibende Schläge. Ein wenig weiter fort stand eine Gruppe von Frauen, vom Felde herbeigeeilt. Sie weinten, die Hand an den Wangen. Das Paar, erfuhr ich von ihnen, war aus dem nahen Bergdorf Monastiraki. Es war mit dem kranken Kinde beim Arzte gewesen, aber nun auf dem Heimweg, im dämmernden Morgen, war es dennoch gestorben. So war mir denn eine traurige Umkehr des bethlehemitischen Zuges begegnet.

Ich kam in die Nähe von Asomatos, wo ich zu Anfang auf Kreta gewesen war. Es ging quer über die Vorberge des Ida, vielmals hinauf und hinunter, einsam, oberhalb aller Dörfer schon. Ich lief ohne Weg durch dichtes und hohes Macchia-Gestrüpp, durch Myrten und Eichen, die sich hier oft nur zu Büschen entwickeln, an viel wilden Birnbäumen vorbei, die niemand pflückt und die saftige Früchte haben. Berghühner gab es genug, und einmal schlüpfte ein Wiesel mir fast über den Schuh.

Es war heiß, als ein Quell kam. Große Zäsur des Weges und Tags! Ort, wo man lange bleibt, sich versinnt und eingeht in die Stille, das Heiße, das Hohe, den waltenden Tag.

Nie habe ich so viel Wasser getrunken wie hier im Lande des Weins. Nie habe ich es frommer getrunken und erfüllter von Dank als hier, wenn ich ihm durch Stunden entgegengehofft und es dann, scharf-kühle Klarheit, seelenhaftester Trank, stahlkalter Faden den Leib hinab, schöpfte aus frischem Quell. Es ging gegen Abend, als wir Eselgeleit an eine kleine Talsohle kamen, aber noch hoch in den Bergen. Ein Stück Land war da mit einer Mauer umfriedet – ein Fluchtplatz in Türkenzeiten, wie ich später erfuhr. Jetzt war es hier friedlich, kein Mensch, kein Hirt, keine Herde.

Das freute die Hasen. Sie gaben sich auf dem grünen Flecken des Grundes ein Treffen, Dutzende. Es war ein Gehopse ab und zu, wie ichs niemals gesehen.

In Furfuras, von wo ich den Ida bestiegen, traf ich meinen Weggenossen von damals. Auch Assi, der Hund, war da und begrüßte mich stürmisch. Er trug mir die Sache mit dem Ida weiter nicht nach und schloss sich mir an, als ich weiterzog in die sinkende Nacht. So waren wir eine Weile zu dreien, Herr, Esel und Hund. Da war ich nun wieder im Tal von Asomatos, im geliebten, noch zwei Stunden vom Kloster entfernt. Es hatte hier schon geregnet, ohne allen Vergleich früh im Jahr, an drei aufeinanderfolgenden Tagen im frühen September. Es war deutlich zu spüren in der Luft. Die Erde war röter als sonst, und hie und da war schon gepflügt. Das Tal, das stille, hing voller Schleier. Der Ida hub eben sein gelb glühendes Leuchtwesen an.

Als ich im Klostergut ankam, war es schon dunkel. Die Gärten und Felder lagen im Abendglanze des Mondes, still eingesenkt unter nachtwindflüsternden Olivenbäumen. Die Käuzchen schrien, und wieder war da der streuglitzernde Vogelruf, der mit seinem Warnen den Takt schlug der Nacht: ein glöckchenhaftes Perlengetropf im blaugrünen Samte des Tals. Ich war wie daheim.

Am anderen Morgen, einem wahren Gottesmorgen, denn das bisschen Erdenfeuchte und das Wachsende in den Gemüsegärten flochten mir einen Silberfaden von Heimat in die Seele, machten wir, mein Esel und ich, uns auf nach dem Kloster Arkadi, das weit über Land gegen Rhethymnon liegt, also im Nordblick der Insel.

Nur ein einziges Dorf war bis dort zu berühren, das nahe Thronos oben am Berg. Dann wies die Karte weder Weg noch Siedlung mehr auf.

Man steigt von der Landstraße im Grund auf bergigem Pfade nach Thronos hinauf. Da klammert es sich mit ein paar Dorfgassen und einzelnen Häuschen an den Hang.

Den Sohn des Lehrers von Thronos besuchen, fand ich unter meinen Aufzeichnungen. Ich fragte mich durch und stand auf dem Kirchplatz.

Er war offen wie eine Bühne, ohne die vierte Wand. Ein kleines Gotteshüttlein inmitten, ein reizender Blick ins Tal, ringsum ein paar Höfe. Alles ist weiß getüncht, ohne deshalb gleich sauber zu sein. Denn die Tünche deckt nie, durchs Weiße kommt stets das Gemäuer hindurch, diese Blöcke und Steine vom Acker, aus denen die Häuser mehr geschichtet sind als gebaut, nah dem Verfall, wie es halt immer hier ist. Denn alles, was hier so entsteht und gemacht wird, die Häuser, Kapellen, die Brunnen, die Wege, hat eine nahe Verwandtschaft zum Ruin und die Sehnsucht, sich bald wieder aufzulösen. Ist etwas neu, so fällt es heraus und passt noch nicht recht ins griechische Bild. Schnell lässt mans verfallen, dann ist es gut, so kann es nun bleiben. Denn da auch das Leben nur eine Improvisation ist, so sind es alle Dinge des Lebens erst recht. Man liebt es wohl nicht, zu tun, als gebe es auf der Welt etwas, das wirklich Bestand hat. Der Trieb, etwas Neues und Festes zu machen, etwas, das dauert und hält und das uranvererbt, etwas Gefügtes, das nicht nur da ist zum Verbrauch, etwas, das außer mir ist und redet und gilt als mein Werk und Besitz – das ist nun einmal dieses Landes nicht der Brauch. Man behilft sich. Es geht. Auf dem Kirchplatz, heiß und verträumt, stand ich auf einem Mosaikboden, blau, rot und steingrauen Musters. Er war zum Gutteil erhalten, das Übrige war mit Zement verschmiert. Innerhalb der Umfriedung setzte der Teppich aus bunten Steinen sich fort und verschwand unterm Kirchlein.

Es war römischer Boden, und der Platz war vor Zeiten dasselbe wie heut: Hauptplatz des Ortes, Vorplatz wohl eines Prätoriums, einer römischen Bürgermeisterei. Denn es ist der Baugrund der römischen Stadt Sybrita, und unter den Äckern steckt alles voll Fundamenten und Scherben.

Das Land, diese Insel in ihrer Kraft, hat die Kulturen, die Alter zu sich genommen wie Opfer, die der göttliche Stier verschlang. Das Mineische, das Dorisch-Griechische, das Römische, Byzantinische, venezianische Pracht, türkische Wachtürme und Gärten – das ruht nun und dämmert in Trümmern neben- und übereinander und muss sich vertragen.

Die eine Seite des Plätzchens füllte ein Haus, das mir auffiel. Es war auf den ersten Blick ländlich, war langhin gestreckt, rosa bemalt, keineswegs neu, und auf den zweiten ansehnlich, ja reich: von jenem bescheidenen Wohlbehagen also, das wir aus unserer besten Bürgerzeit, dem frühen vorigen Jahrhundert, kennen und lieben und das mehr ist, als es aus sich macht. Es sollte das Haus des Lehrers sein.

Ich pochte am eisernen Gartentor, der Schlüssel steckte. Niemand kam. Ich trat ein. Ein Gärtchen empfing mich, überwucherter Anmut voll. Büsche und Blumen sorglos verwachsen, in glühendem Lila ein Strauch Bougainvillia, schwül duftender Heliotrop, verblühte Rosen, Myrtenbüsche, Dahlien und langstänglige Malven. Bei einem wellblechgedeckten Schuppen stand ein Zwetschgenbaum, über und über voll reifer, bläulich überlaufener Früchte, die er zur Erde warf, Hunderte, die niemand auflas. Über das Grüne und Blühende hin schrieb sich großartig der Ida im Doppelgehörn seiner zwei Gipfel.

Ich klopfte am Haus, ich trat ein. Eine Zimmertür stand offen. Auf einem einfachen Tisch lag ein Buch. Es war ein mathematisches Werk von David Hilbert, auf Deutsch.

Oft ertönt auf der Insel die Geisterstimme der Zeiten, vergangner und seiender, mächtig oder lieblich und schön. Diesmal kam es mir vor, als hätte ich einmal einen verschmolzenen Vielklang erhascht von so manchem, was auf der Insel sich mengt und verflicht und nebeneinander ist und Geheimnis wird – flüchtig erhascht und erlauscht wie einen Harfenklang aus den Lüften. Das römische Buntsteinwerk, der bäuerlichlässige Sorglosverfall, das tagträumende Gärtchen, der Aufblick zum Ida und da – die weltnahe Wachheit der kretischen Menschen. Es sind Inselbewohner: Die Welt ist weit und ist ihnen nah übers Meer, und der Fäden sind viele.

Leis, als hätte ich gestohlen – nicht einmal Zwetschgen hatte ich – schloss ich die Türen und Tore und trat auf den Platz. Vater und Sohn, die ich suchte, seien, so riefen die Nachbarn, wahrscheinlich im Feld. Gleich machte sich einer auf, mich dorthin zu begleiten.

Wir kamen vors Dorf. Im Feld und im Melonengarten traf ich sie beide. Der Vater, Lehrer, aber schon außer dem Amt, war ein stattlicher, schöner Mann, bäuerlich fest, in kretischer Tracht, grauschwarz das Haar, viel goldene Zähne im Mund. So stand er geschürzt hinterm Pflug und trieb seine zwei Ochsen. Ich ließ mir später erzählen, dass dieser Mann einst auf eigenem Boden und Grund einen Topf mit römischen Münzen gefunden habe, von Gold. Er sei dann für einige Zeit verschwunden, habe den Schatz in Ägypten, in Alexandria, günstig verkauft und habe sich, heimgekehrt, das stattliche Haus am Kirchplatz erbaut.

Auch der Junge kam nun herzu aus seinen Gemüsen. Er sah sich städtischer an und war blond mit hell glänzenden Augen. Er hatte studiert, zu Ende, war Mathematiker, und sprach ausgezeichnet Deutsch, obgleich er Deutschland noch nicht gesehen und nur zwei Semester die Sprache gelernt hatte. Er lebte allein mit dem Vater; die Mutter war tot.

Wir machten uns schnell bekannt und hatten freundliche Gespräche, als wir am Abend im Gärtchen saßen, mit drei Stühlen – zwei zum Sitzen, auf dem dritten Käse und roten Wein, und über die Malvenstängel hinweg flammte der Ida.

Der Vater beschrieb mir den Weg über die Berge nach Kloster Arkadi; so recht klar ward es mir nicht. Aber wenn ich die Richtung wusste, war es schon gut. Wir liefen eben wieder einmal so fort, mein Esel und ich, bergauf und bergunter, als Rast die Quellen, wenn welche kamen, als Ziel immer die nächste Höhe, den nächsten Sattel der Berge, denn immer lässt man sich wieder von der Verheißung fangen, die ein Bergweg bedeutet: zu sehen, wie jenseits die Welt wohl sei.

Es war ein arkadisches Wandern an diesem Tag. Das Land lag freihin und weit, nichts wie Berge und Berge, in Bläue, fern und nah. Der Wind blies aus Norden und brachte den Hauch von Meer und von Kühle, und hie und da stockte mein Fuß: eine zugewehte Honigsonnenwolke von einem blühenden Erikastrauche zu schmecken.

Ich war trotz aller Berge und allen Steigens nicht höher, als Thronos lag, als ich im Mittag ans Kloster Arkadi kam. Es liegt auf kahler Fläche, weithin sichtbar, und eine Zeile breitschirmiger Pinien, die selten hier sind, zeigt es an.

Ich trat in den Klosterhof ein. Es war eine große Anlage, aber arg verfallen. Das Kloster hat einen großen Namen aus Türkenzeiten. Es war damals ein Freiheitshort, und eines der vielen Gemetzel, von denen die Inselgeschichte weiß, geschah hier.

Im Hof, unterm Hauseingang, saßen die Mönche. Ich ging auf den zu, der mir der ansehnlichste schien, begrüßte ihn und erklärte, dass ich gekommen sei, das berühmte Kloster zu sehen. Ich war sogleich gut empfangen und nach einer Weile des Plauderns umhergeführt. Mein Geleiter zeigte mir eine Jahreszahl und eine Inschrift an der Kirche; im Übrigen schien er der Meinung, der ich mich anschloss, dass eigentlich nicht viel zu zeigen war.

So lud er mich lieber zum Essen. Während wir dem Gebäude zuschritten, das eine Art Refektorium war, sagte er unvermittelt, indem er anhielt und den Kopf etwas hob, in plötzlich bedeutender Wichtigkeit: Ich bin der Bischof von Rhethymnon!

Darauf war ich nicht gefasst. Ich küsste ihm die Hand, da schien er zufrieden und stolz. Er war selbst zu Besuch hier oben. Einem aufwartenden Bruder, der in einer Mütze aus verschossenem grünem Samt, mit einem knappen Bart rund um junge blühende Wangen sehr malerisch aussah, gab er Aufträge fürs Essen. Es kamen viele schlichtschöne Gänge, und viel, viel hellroter Wein wurde nachgegossen – so viel, dass ich dann, als ich mich verabschiedete, draußen unter Oliven und Erdbeerbäumen des Längeren schlief.

Der Wein, der kretische Wein! Wie kann ich mich unterstehen, seiner erst jetzt zu gedenken, da ich so lange schon mit Eifer und Sorgfalt mich mühe, ein Bildchen von Kreta zu pinseln! So will ich ihn eilends preisen zum Ende dieses Berichts meiner Eselreise, auf der ich in so vielen Dörfern, auf so vielen Wegen, zu allen Stunden des Tages in strotzenden Trauben und hell blinkenden Gläsern so viel von ihm zu kosten bekam!

Der Wein war das Erste, was ich von Kreta am Leibe erfuhr, noch in Athen. Ich war bei meinem Malerfreunde des Abends zu Gast und sollte in wenigen Tagen hinüber zur Insel. Da brachte er, der Kreta schon kannte und liebte, eine Flasche kretischen Rotweins, öffnete sie und goss ein. Dick und dunkelrot fiel er ins Glas. Wir tranken auf Kreta. Der Wein sprang mich an wie ein Tier. Er war eine Lohe, heißblütig und stark, gebändigtes Feuer, und fast etwas Drohendes war in ihm.

So ist er, wenn es der rechte ist, der Liatiko, der echte kretische Wein. Ich habe mich seitdem an ihn so gewöhnt, dass er mir nicht mehr so tatzenhaft vorkommt; es gibt wohl auch bäuerlich derbere Sorten. Im echten aber lernt man den Kreter kennen, denn der Wein bekennt immer mehr vom Land als die Zungen, selbst als die Zungen im Wein.

Einladung ins Kafenion und zum Fischfang

Ulrich Kadelbach

Im Kafenion

Es dauerte nicht lange, da war der neu angekommene Gast, ein Ausländer, von den Einheimischen an ihren Tisch geholt. Bald schon wussten sie seine Nationalität, seinen Beruf und die Zahl seiner Kinder und Enkel. Gerade noch hatte der alte Dorfpfarrer mit dem neuen Lehrer am Nebentisch halblaut über die Trennung von Kirche und Staat gestritten. Am großen Tisch aber versprach es doch interessanter zu werden. Sie drehten deshalb ihre Stühle um, denn sie wollten bei dem beliebten Thema auch mitmischen. Es ging um das zwischen Touristen und Kretern sehr beliebte Thema, die Kreter seien alle Lügner. Als der Gast bemerkte, dass das immerhin in der Bibel stehe, griff der Dorfpfarrer gleich ein und berichtigte. Nein, so stimme das nicht. Es heiße dort nur, dass das einer gesagt habe. Ja, meinte der Gast, aber das habe kein Geringerer als der Paulus geschrieben. Und wenn schon, meinte der Lehrer und freute sich über sein gutes Argument, der das gesagt habe, sei ja auch ein Kreter gewesen. Und wenn ein Kreter sage, dass alle Kreter Lügner seien, dann sei diese Aussage ja auch eine Lüge und ihr Inhalt somit widerlegt. Das sei ja nun ein alter Hut, meinten die anderen. Von einem neuen Lehrer erwarte man neue Argumente. Im Übrigen sagen wir Kreter ja auch nicht, unser Olivenöl sei das schlechteste der Welt, weil wir als Lügner verschrien sind. Ich stamme aus dem Pontus, rief der Alte mit der kaputten Brille, und bin schon seit Jahrzehnten hier in dem kretischen Dorf. Ich weiß nicht, ob das kretische Öl das beste der Welt ist. Ich weiß nur, dass das von unserem Dorf hier das beste von Kreta ist. Und als Pontier stehe ich nicht im Verdacht, ein Lügner zu sein. Nun waren sie wieder auf der alten Fährte. Der Wirt brachte eine Runde Tsikoudia »für all die Lügner«. Als auch der Gast zu einem der Schnapsgläser griff, meinte sein Gegenüber: Jetzt haben wir dich. Du bist also auch ein Lügner. Ja, rief der, das heißt nein, ich meine – kommt drauf an – jetzt weiß ich gar nichts mehr. So weit waren wir alle schon einmal. Fangen wir deshalb noch mal von vorne an, dozierte der Lehrer und fand endlich seine Chance, den Stammtischlern zu beweisen, dass er ein sehr belesener Mann ist. Wisst ihr überhaupt, woher der Vorwurf stammt, die Kreter seien alle Lügner? Ich wills euch sagen. Sie haben behauptet, Zeus, der weit über Kreta hinaus verehrte Gott, sei gestorben. Kallimachos schrieb sogar, die Kreter würden sich damit brüsten, ihm eine Grabstätte gebaut zu haben. Das hat die Zeus-Verehrer in der ganzen Welt so aus dem Häuschen gebracht, dass man es rundweg als bösartige Lüge einstufte und alle Kreter mit dem Vorwurf, Lügner zu sein, in Sippenhaft nahm. Der Pfarrer mischte sich mit einer guten Frage ein: Es heißt ja auch, der fanatische christliche Kaiser Theodosius habe das Grab des Zeus auf Kreta zerstört, wie auch die anderen großen Heiligtümer in Delphi und Olympia. Ich frag mich dann aber: Warum soll der das Grab des Zeus zerstört haben, wenn das doch für die meisten der beste Beweis gewesen wäre, dass er wirklich gestorben ist. Übrigens, ging ein weißhaariger Alter dazwischen, mein Großvater sagte immer, wenn er schwor, »Ma to Za«, bei Zeus. Ja, rief der Pfarrer, das wissen wir, dass die Apotheker alles immer vermischen, aber jetzt müssen wir aufpassen, sonst wirds Religionsvermischung. Synkretismus meinen Sie, flötete der Ausländer mit spitzem Mund. Da erhob der Lehrer den Zeigefinger und belehrte die Runde, dass Synkretismus tatsächlich ein kretisches Wort sei und, wie Plutarch schreibt, den Sachverhalt erklärt, dass die Kreter bei einem der zahlreichen Angriffe von außen immer zusammenstanden, auch wenn sich die vielen Stadtstaaten sonst oft genug untereinander befehdeten. Die weitere Argumentation ging im Tsikoudia unter.

Die Netze des Kostas

Kostas hatte mich zum Fischen im Golf von Kissamos mitgenommen. Ich empfand diese Einladung als eine Ehre. Wie ausgemacht, war ich um sechs Uhr morgens bei ihm. Im Stehen trank er vollends seinen Kaffee und packte dann die letzten Fischereiutensilien zusammen. Die Fahrt mit seiner Barke aufs noch schläfrige Meer hinaus war feierlich wie ein Stappellauf. Die über den Berg kommende Sonne machte den vom Ufer her winkenden Lichtern ihre Berechtigung streitig. Behutsam wiegten die Wellen uns in den kommenden Tag. Das Lachen der Möwen vertrieb das Gähnen des Meeresgrunds. Als ich gerade meine Dankbarkeit für dieses starke Erlebnis mit vielleicht etwas zu pathetischen Worten zum Ausdruck gebracht hatte, gab Kostas mir wortlos ein Paar riesige Lederhandschuhe und verpasste mir eine übergroße Latzhose aus Gummi. Ich ahnte, dass mich der Ernst der Lage eingeholt hatte. Dann steuerte er einen im Meer schwimmenden Plastikkanister an. An ihm war das am Vortag ausgebrachte Netz befestigt. Nun begann er, es mit kräftigen Zügen über eine am Bug des Bootes angebrachte Rolle zu ziehen. Zuvor hatte er eine Plane ausgebreitet, auf die das aus dem Meer gezogene Netz glitt. Und schon kamen die ersten Fische über die Rolle. Kostas gab mir den Netzstrang in die Hand. Während ich weiterzog, entwand er die Fische dem Netz. Nach und nach merkte ich, wie meine Kräfte nachließen. Kostas zog weiter. Ich meinte, dass es doch ganz schön schwer sei, das Netz mit den Fischen und Steinen, gelegentlich auch Krebsen, Korallen und Muscheln. Ja, wir holen es hier aus ungefähr vierzig Metern Tiefe herauf, war seine Antwort. Als das Netz zu Ende war und ich den Anfang des zweiten festhielt, band er die vier Ecken der Plane über dem gelben Netzhaufen zusammen und warf das große, schwere Bündel in den hinteren Teil des Bootes. Während meine Züge am Netzstrang immer langsamer wurden, munterte ich mich mit dem Gedanken auf, dass wir das zweite Netz schon auch noch schaffen würden. Dann wagte ich die Frage, ob wir denn schon die Hälfte hätten. Er zeigte in die Ferne auf einen Punkt auf der Meeresoberfläche. Ich konnte ihn lange nicht ausmachen. Dann sagte er: Der weiße Kanister dort ist das Ende. Alles in allem habe ich gestern ungefähr zweieinhalb Kilometer Netz auf den Meeresboden versenkt. Sechs Ballen und ein kleinerer. Also ist der ganze Golf vernetzt, dachte ich. Bei jedem Fisch, den er aus den Maschen wand, schaute ich interessiert zu und machte eine willkommene Pause im Fischzug. Nicht die Arme, sondern die Hände schmerzten so, dass ich kaum mehr fähig war, sie zum Griff zu klammern. Kostas ließ mich meine Schwäche nicht spüren. Er griff mit großen und gleichmäßigen Armbewegungen ins Netz und zog unsere Barke daran weiter durchs Meer. Als schließlich der zweite Netzberg eingepackt war, war ich mit meinen schwachen Händen so am Ende, dass ich meist nur noch das Netz hielt, solange er die Fische oder anderes Meeresgetier daraus befreite. Kein einziges Mal hat er gelacht oder gar triumphiert. Ich wollte mir auch nicht gerne von ihm sagen lassen: Da siehst dus mal, was wir Fischer leisten. Deshalb und weil mir das Greifen mit den Händen schon fast nicht mehr möglich war, ergriff ich das Wort, indem ich meine erzwungene Demut wenigstens in soeben errungene Erkenntnis verwandeln konnte: Jetzt weiß ich wenigstens, warum die Fische so teuer sind. Kostas nickte nur freundlich. Er wollte wohl auf alle Fälle den Eindruck vermeiden, er habe mir eine Lektion erteilen wollen. Zwischendurch waren die aus dem Meer gezogenen Fischereiresultate doch so interessant, dass ich sie wie Perlen an einer sonst ganz und gar nicht wertvollen Kette empfand. Immer wieder waren da kleine Fische, die er mit behutsamen Griffen den Maschen entwand. Sie hatten an allen Flossen, besonders markant auf dem Rücken, giftige Stacheln. Sie seien aber trotzdem essbar und besonders gut. Die kleineren aber warf er ins Meer zurück. Wieder versuchte ich mit größter Anstrengung, ein längeres Stück des Netzes aus der Tiefe zu ziehen. Als hätte er meinen noch unterdrückten Seufzer vernommen, nahm er mir den Netzstrang wieder ab. Nun war ich wild entschlossen, sein Geschäft des Fischeklaubens und der laufenden Netzreinigung zu übernehmen, da kam eine Krake über die Rolle gewunden und zerstörte mein Vorhaben jäh. Nach dem dritten, auf dem Boden der Barke strotzenden Netzhaufen war der weiße, das Ende der Qual signalisierende Kanister noch in sehr weiter Ferne. Die Grenze meiner griechischen Sprachkenntnisse war insofern erreicht, als ich kaum mehr mit lustigen oder originellen Sprüchen aufwarten konnte, die mir vielleicht geholfen hätten, mein empfundenes Defizit etwas zu verringern.

Kostas war fast einen Kopf größer als ich und von athletischer Statur. Er vermittelte keineswegs den Eindruck, als habe er sich ein Opfer zur Hilfe beim Fischfang ausgesucht, das dann für diese Misere auch noch dankbar sein musste. Nach dem fünften Netz ließ er mich denn wissen, dass er froh sei über die Parea, also die gesellige Gemeinschaft. Meine Freude über dieses Kompliment war etwas gedämpft durch die Erkenntnis, dass er das ja wohl nicht hätte zu sagen brauchen, wenn er guten Gewissens mir für die große Hilfe hätte danken können.

Das Ende kam dann doch schneller als erwartet. Es waren inzwischen fast dreieinhalb Stunden vergangen. Vom Ufer winkte uns Niki, seine Frau, zu. Sie fing die Leine auf, die er ihr vom Schiff aus zuwarf, und zog unser Boot vollends an Land. Das Fischlokal, das die beiden betreiben, steht direkt am Ufer. Keine Uferstraße ist dazwischen. Unmittelbar daneben ist der Garten, aus dem sie das Gemüse für ihre Taverne ernten. Niki hat eine besonders natürliche und herzliche Art im Umgang mit den Gästen. Sie steht den ganzen Tag in der Küche, hilft aber nebenher ihren Kindern bei den Hausaufgaben. Und sie findet auch noch Zeit, sich für einen Plausch zu ihren Gästen zu setzen. Man gewinnt den Eindruck, dass nicht wenige allein schon wegen dieser jungen Frau ins Lokal kommen. Kostas hilft auch mit bei der Bedienung der Gäste. Aber er hat noch andere große Aufgaben zu bewältigen, die eigentlich jede für sich einen ganzen Mann fordern. Er baut seinen eigenen Wein an und hat einen Ölberg mit zweihundertfünfzig Olivenbäumen zu bestellen. Selten im Leben sind mir solch uneitle und tatkräftige Menschen begegnet.

Als mir Kostas meinen Anteil am Fang zuteilen will, hilft alles Wehren nichts. Ich sagte, ich wolle lieber wieder einmal mit aufs Meer hinaus. Das dürfe ich sowieso, aber die Fische sollte ich mitnehmen, die hätte ich verdient. Nun ja, verdient?

Beim Gehen kündigte ich bereits meinen nächsten Besuch im Fischlokal an. Niki meinte: Da wird dir dann das Zahlen sicher ein bisschen leichterfallen.

Der erste Raki

Thomas Balistier

Können Sie sich noch daran erinnern, oder haben Sie ihn womöglich noch vor sich: den ersten Raki, den ersten Gaumenkontakt mit dem in den Rang eines kretischen Nationalgetränks erhobenen Weintresters, mit einer Spirituose, deren Name von den Einheimischen weich – und manchmal könnte man fast meinen liebevoll – »Radschi« ausgesprochen wird?

Alle wichtigen ersten Dinge des Lebens hinterlassen ihre Spuren. Und man muss nicht am Tage null beginnen, um das zu verdeutlichen: Es genügt, auf den ersten Schultag, die erste Zigarette, den ersten Kuss oder die erste Liebe zu verweisen. Nun soll die Bedeutung des ersten Rakis keineswegs mit den wirklich wichtigen und einschneidenden Premieren des Lebens gleichgesetzt werden – wo kämen wir da hin! Auch ist der erste Raki für den Urlauber nicht Teil eines Initiationsritus, sondern eine typische Fremdheitserfahrung auf einer Reise in eine andere Kultur. Aber es lassen sich Ähnlichkeiten finden, die nicht unerwähnt bleiben sollen. So eröffnet sich mit dem ersten und jedem weiteren Schluck eine neue, noch unüberschaubare Welt, die neugierig macht und ausgekundschaftet werden will.

Um mit dem Einfachsten zu beginnen: Anders als auf dem griechischen Festland, und auch anders als beim Griechen um die Ecke zu Hause, gibt es hier vom Tavernenwirt nach dem Essen keinen Ouzo, sondern einen Raki, welche Überraschung! Spätestens jetzt spürt der Reisende einen deutlichen Unterschied zwischen Kreta und dem übrigen Hellas. Kreta ist anders, es ist zwar ein Teil von Griechenland, aber ein besonderer und nicht gleichzusetzen mit dem Rest.

Hat der unbefangene Erstkonsument gerade gelernt, dass auf Kreta eigentlich nicht Ouzo, sondern Raki getrunken wird, sieht er sich gleich mit einer weiteren Irritation konfrontiert: Raki schmeckt ganz anders als Ouzo. Das ist nicht so banal, wie es sich zunächst anhört, denn die allermeisten erwarten genau das Gegenteil, ein Ergebnis folgender Assoziationskette: Ouzo ist gleich Griechenland, Griechenland ist gleich Kreta, Kreta ist gleich Raki, also ist Ouzo gleich Raki. Dazu kommt eine geschmackliche und sprachliche Verwechslung. Ouzo ist wie der türkische Rakı (oder der französische Pastis bzw. Pernot) ein Anisschnaps. Nicht so der kretische Raki: Er lässt sich noch am ehesten mit dem italienischen Grappa vergleichen, dessen steile internationale Karriere sich allerdings deutlich von der des kretischen Weintresterschnapses abhebt. Raki ist sozusagen auf dem Boden geblieben: Überwiegend und nach wie vor wird er auf dem Lande für den Eigenbedarf traditionell hergestellt und alltäglich konsumiert. Aber wir sind schon zu weit, kehren wir noch einmal an den Anfang zurück.

Wie in jeder anfänglichen Begegnung passiert in den ersten Sekunden der Kontaktaufnahme Entscheidendes. Ob man jemandem zugeneigt ist oder von einer mehr oder weniger deutlichen Antipathie befallen wird, entscheidet sich rasch. Natürlich gibt es auch die Möglichkeit der späteren Korrektur und einer sich daher erst langsam und vielleicht sogar zögerlich anbahnenden Beziehung, aber das setzt wohl oder übel voraus, dass man sich ein zweites Mal trifft und sich eine gewisse Kontinuität im Zusammenkommen ergibt, damit überhaupt etwas wachsen kann, so auch hier.

Wie Ihr Urteil über den ersten Raki ausfällt, hängt neben Ihrer Geschmacksvorliebe entscheidend von seiner Qualität und Ihrer Befindlichkeit ab. Dass dabei eine gute Stimmung zu positiveren Ergebnissen führt als schlechte Laune, leuchtet sofort ein. Selbstverständlich spielt auch das konkrete Trinksetting keine ganz unerhebliche Rolle. Nehmen wir an, es passiert in einer Taverne, dann ist zunächst der Wirt, das Essen und die ganze Atmosphäre von großer Bedeutung, aber auch, ob Sie dort alleine sitzen und eigentlich nur schnell schlafen gehen wollen, ob Sie gerade ein anregendes Tête-à-Tête genießen oder ob Sie sich in einer geselligen und ausgelassenen Runde befinden – all das und noch viel mehr ist wichtig, wenn der erste Raki auf Sie zukommt.

Ein entscheidender Faktor kommt bei der Begutachtung noch mit ins Spiel: Sowohl für den Augenblick als auch für den Tag danach, falls Sie sich an Ihre Geschmacksempfindung erinnern möchten, sind das Trinkverhalten und die Trinkmenge nicht unwichtig. Selbstverständlich gibt es dafür keine allgemeine und verbindliche Regel, und es ist auch bekannt, dass gerade im Urlaub die eine oder andere außer Kraft gesetzt wird (manche sagen sogar, darin läge sein Sinn), aber vielleicht kann der Ratschlag eines erfahrenen kretischen Rakibrenners so etwas wie eine zwar maximal ausgelegte, aber gerade noch vernünftige Richtschnur abgeben. Auf die verträgliche Menge Raki angesprochen, antwortete Nikolaos Matiakis, Besitzer einer der etwas größeren Rakibrennereien in der Messara, ebenso grundsätzlich wie konkret: »Wenn ich Raki trinke, ist das gesund. Bis zu vier, fünf oder sechs ist das sehr gut und gesund. Mehr als zehn ist eine Katastrophe.« So manche(n) ereilt die Katastrophe allerdings schon eher, weil die Erfahrung über das bekömmliche

Quantum Raki fehlt und das persönliche Maß erst noch herausgefunden werden muss.

Wie man weiß, nimmt die Sicherheit des Geschmacksurteils mit zunehmender Alkoholmenge ab, aber dafür steigt meistens die Stimmung, und dann ist oftmals nicht nur der Raki für die wachsende Begeisterung verantwortlich, sondern die Begeisterung bezieht sich auch ausdrücklich auf das neuartige Getränk. Überschreitet der nunmehr fröhliche Erstzecher sein persönliches Maß, folgt der Stimmungsumschwung zügig und sicher. Wie sich der jetzt Angetrunkene verhält, ob er laut ist oder leise, friedlich oder aggressiv, dramatisch oder nichts sagend, wird dem unmittelbaren Publikum sicher nicht egal sein, spielt für unsere kurze Betrachtung über den ersten Raki aber keine Rolle. Weitaus wichtiger ist die Frage, in welchem Zustand des breit gefächerten Rauschspektrums der Zecher den Abend beendet – ob es zum Beispiel bei einer geringen und noch beschwingten Gleichgewichtsstörung bleibt oder ob der vollständige Kontrollverlust den unrühmlichen Schlusspunkt bildet. Je nachdem wird dieser erste Rakikontakt für lange Zeit, eventuell sogar für immer, auch der letzte gewesen sein, während es in anderen Fällen nur einer mehr oder weniger kurzen Rekonvaleszenzphase bedarf, um erneut, diesmal vielleicht etwas zurückhaltender, zum Glase zu greifen.

Eng mit der Trinkmenge und möglichen Konsequenzen hängt die Art und Weise des Schnapstrinkens zusammen, die in Deutschland und auch anderswo gang und gäbe ist: das Kippen des gesamten Glasinhalts in einem Zug. Ist das bei Korn oder einem anderen Klaren durchaus üblich, ist es bei einem guten Schwarzwälder Kirschwasser eine Unsitte. Und das gilt auch für den kretischen Raki. Während die Einheimischen ihr Nationalgetränk fraktioniert und in kleinen Schlucken langsam zu sich nehmen, stürzt der unwissende und/oder anders konditionierte Urlauber den gesamten Inhalt seines Glases auf einmal in sich hinein. Weiß man um die Formen der kretischen Gastfreundschaft oder einer griechischen Parea – ein zwangloses offenes Beisammensein, bei dem es zum guten Ton gehört, ein geleertes Glas sofort wieder zu füllen –, kann man sich fast ausrechnen, um wie viel mehr Alkohol derjenige trinkt beziehungsweise trinken muss (allzu häufiges Ablehnen gilt nämlich als unhöflich), der den Raki schnell kippt, statt ihn zu nippen.

Ein weiterer entscheidender Vorteil des langsamen fraktionierten Trinkens, und damit kommen wir von der Quantität auf die Qualität zurück, besteht in einer besseren Geschmacksempfindung. Erst bei einer längeren Verweildauer im Mund entfaltet der Raki sein besonderes Aroma, erst dann können auch die feinen Unterschiede zwischen den verschiedenen Sorten erkannt und bewertet werden. Jeder Raki aus den unzähligen kleinen Brennereien auf Kreta schmeckt ein bisschen anders. Das hängt mit der Qualität der Weintrauben und dem Gärungsprozess sowie mit der Destillationsanlage und dem Brennverfahren zusammen. Es soll ausgewiesene Kenner geben, die am Geschmack erkennen können, aus welcher Gegend, ja sogar aus welcher Destille der Raki stammt.

So weit muss es der Urlauber nicht bringen, Hauptsache, der Raki schmeckt ihm. Wenn Sie ein Glas angeboten bekommen, sei es in einer Taverne, sei es im privaten Kreis, wird Ihnen zumeist auch versichert, gerade dieser sei ein sehr guter Raki. Es gibt in der Tat einen Raki, der es leicht mit einem vielfach prämierten und sündhaft teuren Grappa aufnehmen kann, der fantastisch schmeckt, ein frisches Aroma hat und stark und mild zugleich ist. Es gibt aber auch schlechten Raki, der im schlimmsten Fall eher an Petroleum erinnert als an Schnaps. Solch einen Stoff sollten Sie möglichst meiden beziehungsweise nicht zu Ende trinken, sondern rasch in die nächste Blumenvase kippen oder einfach stehen lassen. Falls Ihnen das nicht möglich ist, weil der Wirt oder Ihr Gastgeber gönnerhaft und freundlich lächelnd vor Ihnen steht und auf Ihre Bestätigung wartet, dann, aber wirklich nur dann, können Sie das tun, was man sonst nicht tun sollte: das Glas in einem Zug hinunterkippen. Aber Gott sei Dank passiert das eher selten. Meistens schmeckt der Raki wirklich gut bis sehr gut.

Haben Sie das Glück, bei Ihrer Rakipremiere von Einheimischen in ein Kafenion, nach Hause oder sogar in eine Brennerei eingeladen zu werden, können Sie damit rechnen, dass es für Sie ein fröhlicher, ja vielleicht sogar ein unvergesslicher Abend wird. Neben der netten Gesellschaft kommen Sie höchstwahrscheinlich in den Genuss von einer oder sogar mehreren Rakibeilagen. Die können schlicht und einfach sein wie süße und saftige Melonenscheiben, geschälte Apfelscheiben mit Zimt oder eine Mischung von Erdnüssen, Rosinen, Pistazien und Kichererbsen (wobei Letztere meistens liegen bleiben). Dann gibt es aber auch wahre kulinarische Wunderwerke *en miniature* wie beispielsweise süßsaurer Oktopussalat, gefüllte und gebackene Zucchiniblätter oder ausgewählte Stücke eines exzellenten Stifado. Da nicht vor jeder Rakirunde eine opulente Mahlzeit steht, kommt den Beilagen die pragmatische Aufgabe zu, der hochprozentigen Spirituose so ganz nebenbei eine feste Grundlage zwecks besserer Verträglichkeit zu geben: Das ist sozusagen ihre Pflicht; die Kür besteht darin, dass jede Beilage zusammen mit dem dazu genossenen Raki eine eigene Geschmacksnuance hervorbringt. Vielfalt, Raffinesse und Arrangement der Beilagen können sich so mit einem exzellenten Raki zu einer Gaumenfreude der besonderen kretischen Art ergänzen.

Zum Schluss sei angemerkt, dass manche Kreter es bei bestimmten Gelegenheiten darauf anlegen, Sie an die Grenze des für Sie verträglichen Maßes Raki zu führen – und auch darüber hinaus. Überwiegend ist das nichts weiter als ein belustigendes Spiel (ob es dabei einen Gewinner gibt und wer zuletzt lacht, stellt sich allerdings erst später heraus), und nur äußerst selten besteht ein diabolisches Interesse daran, Ihnen wirklich Übles zu wollen. Vielmehr geht die Absicht dahin, Sie auf eine Reise mitzunehmen, deren Herausforderung oder Zumutung, je nachdem, darin besteht, etwas mehr darüber erfahren zu wollen, was für ein Zeitgenosse Sie eigentlich sind. Dabei geht es nicht mehr darum, wie viel Sie vertragen, sondern wie Sie sich verhalten und benehmen, wenn Sie viel oder zu viel Raki getrunken haben. Das sollte man wissen, nicht nur dann, wenn man wiederkommen will.

Der Streit um den ältesten Baum der Welt

Amalia van Gent

Die Olympiastadt Athen hatte zu ihrem Emblem einen Kranz aus Olivenbaumzweigen auf tiefblauem Grund gewählt, dies nicht nur, weil die griechische Welt der Antike ihre Spitzenathleten mit einem solchen Kranz auszeichnete. Für Athen hat der Olivenbaum eine außerordentliche Bedeutung. Die Legende will es, dass Athene, die Göttin der Weisheit, ihren Rivalen Poseidon erst dadurch im Kampf um die Schutzherrschaft Athens besiegen (und der Stadt ihren Namen geben) konnte, nachdem sie auf dem heiligen Felsen der Akropolis einen Olivenbaum gepflanzt hatte. Die Urheimat des Ölbaums soll allerdings Kreta sein.

Die Ortschaft Pano Vouves befindet sich in Kretas westlichster Provinz Kissamos und ist ein grünes Stückchen Paradies auf Erden. Olivenhaine erstrecken sich auf einer weichen Hügellandschaft, so weit, bis der Horizont auf das Blaue des Meeres trifft. Da sei der »älteste Olivenbaum« Griechenlands, vermutlich gar der ganzen Welt zu sehen, beteuert uns Bürgermeister Rosemaries Manolis auf dem Weg dorthin.

Der »älteste Olivenbaum der Welt« wirkt in der Mitte eines neuerdings mit Natursteinen belegten Platzes in seiner ganzen Größe wahrlich majestätisch. Sein Stamm soll laut den kommunalen Ingenieuren einen Umfang von 12,5 Metern haben. Es handelt sich um einen knorrigen, mit Dutzenden von

Falten überzogenen Stamm, der wie ein Urinsekt auf durchlöcherten Wurzeln steht und so unterhöhlt ist, dass eine ganze Kinderschar sich darin verstecken könnte. Anders als bei den meisten Baumarten lassen seine Jahrringe aber nicht auf sein Alter schließen. Außerdem sind im Lauf seines Lebens immer neue Stämme entstanden.

Im Jahr 1997 wurden die laufenden Olympischen Sommerspiele nach Griechenland vergeben. Fast gleichzeitig und vermutlich ohne jeden Zusammenhang wurde der Ölbaum von Pano Vouves unter Denkmalschutz gestellt. Dieser Zufall veranlasste indessen die geschäftstüchtige Gemeinde Kolymbari dazu, den Athenern Anfang 2001 offiziell vorzuschlagen, die Sieger des Marathonlaufs künftig mit Zweigen aus diesem Ölbaum aller Ölbäume zu kränzen. Denn schließlich sei nach alter Überlieferung der allererste Athletenkranz seinerzeit auch in Kreta geflochten worden – ein unwiderlegbares Argument.

Um dem Vorschlag noch mehr Gewicht zu verleihen, lud Kolymbari neben dem Athener Olympia-OK auch eine Delegation aus Peking, der darauffolgenden Olympiastadt, nach Pano Vouves ein. Gäste wie Einheimische seien begeistert gewesen, erinnert sich Bürgermeister Rosemaries. Ursprünglich hatte er sogar noch die Vision, in der Umgebung seines Olivenbaum-Greises ein Zentrum für internationale Friedensbewegungen aller Art zu schaffen. Der Ölbaumzweig symbolisiere nämlich nicht nur in Griechenland den Inbegriff des Friedens.

Gegen die Geschäftigkeit von Pano Vouves regte sich auf Kreta indessen Widerstand. In der östlichsten Provinz der Insel, Sitia, entdeckten die Einheimischen auf einmal unweit der Ortschaft Kavousi einen Ölbaum, der »mindestens sechstausend Jahre alt und demzufolge noch älter als der älteste Baum auf der Welt sein muss« – sagte jedenfalls der dortige Bürgermeister. Kavousi liegt fünfhundert Meter über dem

Meeresspiegel, ist von hohen Bergen umgeben und gibt einen atemberaubenden Blick auf die Bucht von Agios Nikolaos frei. Der dort befindliche Ölbaum hat keine runde Krone wie jener in Pano Vouves, sondern Zweige, die sich wie Flügel eines Ikarus weit ausbreiten. Der Stammumfang betrage 19,5 Meter, unterstreicht der Bürgermeister, der am Standort seines Prachtstücks ein feierliches Olivenbaum-Ritual veranstaltete, an dem jede Menge Abgeordnete, der Bischof sowie wirtschaftliche Potentaten der Provinz teilnahmen. Bei dieser Gelegenheit verliehen Führung wie Fußvolk von Kavousi noch einmal ihrer unverbrüchlichen Überzeugung Ausdruck, dass die Kränze für die Sieger des olympischen Marathonlaufs einzig und allein von ihrem und keinem anderen Baum stammen müssten.

Der Streit zwischen Pano Vouves und Kavousi hätte ein böses Ende nehmen können, hätte nicht die ebenfalls aus Kreta stammende Iron Lady von Athen 2004, Gianna Angelopoulos-Daskalaki, interveniert. Sie verordnete auf ihre typische Art, die keinen Widerstand duldet, dass die männlichen Marathonsieger einen Kranz vom Baum aus Pano Vouves, die siegreichen Läuferinnen hingegen einen vom Baum aus Kavousi erhalten sollten. Und tatsächlich stiftete dieses salomonische Urteil mindestens vorübergehend Frieden auf Kreta – hingegen konnte es nicht die Bewohner von Goumeros Ilias auf dem Peloponnes beruhigen. Denn auch diese sind der unumstößlichen Meinung, den ältesten Baum auf Erden auf ihrem Territorium zu haben. Trotzdem hatten sie nicht die geringste Chance, mit dessen Blättern an Olympia auch noch irgendwen zu kränzen. Denn im Gegensatz zu den geschäftstüchtigen Kretern hatten sie ihr Angebot schlicht und einfach zu spät eingereicht.

Alexis Sorbas – Das Neujahrsgeschenk

Nikos Kazantzakis

Ich stand fröhlich auf, ich hielt in der Hand mein Neujahrsgeschenk: frische Luft, klaren Himmel, glitzerndes Meer. Ich schlug den Weg ins Dorf ein. Die Messe musste zu Ende sein. Ich fragte mich aus einer lächerlichen Unruhe heraus, wer mir zuerst begegnen werde. Bedeutete es Glück oder Unglück?

Ob es ein kleines Kind war, das Neujahrsgeschenke schleppte, oder ein rüstiger Greis im weißen, breitärmeligen Hemd, der stolz und zufrieden sein dürfte, seine Pflicht auf Erden getan zu haben. Je näher das Dorf rückte, desto größer wurde meine Unruhe, wer der Glücks- oder Unglücksbringer für das neue Jahr sein würde.

Plötzlich drohten meine Knie zu versagen. Unter den Olivenbäumen tauchte mit wiegenden Schritten, erhitzt, die Witwe mit schwarzem Kopftuch auf.

Ihr federnder Gang glich dem eines Leoparden, und ein starker Geruch von Moschus schien hinter ihr herzuwehen. Ich spürte, dass dieses Raubtier kein Mitleid kannte und dass die einzige Rettung für mich in der Flucht bestand. Aber wie sollte ich fliehen, da die Witwe doch immer näher kam. Der Kies knirschte, als marschierte eine Armee vorüber. Sie warf den Kopf zurück, das Kopftuch rutschte, und ihr rabenschwarzes Haar kam zum Vorschein. Sie warf mir einen raschen Blick zu und lächelte. In ihren Augen lag eine wilde Lieblichkeit. Und als schäme sie sich, das tiefe Geheimnis einer Frau – ihr Haar – den Blicken des Herrn der Schöpfung preisgegeben zu haben, rückte sie das Tuch hastig wieder zurecht.

Ich wollte ihr Glück zum neuen Jahr wünschen, aber es saß mir was in der Kehle wie an jenem Tag, als der Stollen einstürzte und mein Leben in höchster Gefahr gewesen war. Der Wind spielte mit dem Schilf ihres Zaunes, die Strahlen der Wintersonne fielen in das dunkle Laub der Zitronen- und Orangenbäume, und der ganze Garten schimmerte wie ein Paradies.

Die Witwe blieb stehen. Mit einem kräftigen Stoß öffnete sie die Tür. In diesem Moment ging ich an ihr vorbei. Sie drehte sich um und ließ ihren Blick über mich gleiten, während sie ihre Brauen spielen ließ.

Sie zog die Tür nicht hinter sich zu, und ich sah sie mit wiegenden Hüften hinter den Orangenbäumen verschwinden.

Die Schwelle überschreiten, die Gartentür zuriegeln, ihr nachlaufen, sie um die Hüfte packen und, ohne ein Wort zu reden, ins aufgedeckte Bett schleppen – so hätte es sich für einen »Mann« gehört. So hätte mein Großvater getan, und hoffentlich werden auch meine Enkel einmal so handeln, ich dagegen stehe da und überlege …

»In einem anderen Leben«, murmelte ich mit bitterem Lächeln, »werde ich besser handeln.«

Ich stieg in eine grüne Schlucht hinunter. Ich fühlte eine Last auf dem Herzen, als hätte ich eine Todsünde begangen. Ich irrte hin und her, es war kalt, ich zitterte vor Kälte. Ich versuchte, das Wiegen, das Lächeln, die Augen, den Busen der Witwe aus meinen Gedanken zu verbannen. Sie kehrten unaufhörlich wieder. Ich rannte, als verfolge man mich. Noch hatten die Bäume keine Blätter, aber die Knospen begannen schon zu schwellen. In jeder Knospe, jedem Trieb fühlte man schon Blüten, Sprossen, süße Früchte entstehen, die danach strebten, die gesammelte Kraft im Hinterhalt, sich ins Licht zu stürzen. Unter der trockenen Rinde vollzog sich mitten im Winter das große Wunder des Frühlings, leise, langsam, heimlich, bei Tag und bei Nacht.

Plötzlich schrie ich vor Freude auf: In einer Mulde vor mir blühte tapfer ein Mandelbaum. Er eröffnete den Reigen der anderen Bäume und verkündete den Frühling.

Eine große Erleichterung kam über mich. Ich sog den würzigen, schwebenden Duft tief in mich ein, verließ den Pfad und hockte mich unter die blühenden Zweige.

Lange blieb ich so sitzen. Ich dachte an nichts, war sorglos und glücklich. Ich saß inmitten der Ewigkeit, unter einem Baum des Paradieses.

Plötzlich vertrieb mich eine grobe Stimme aus meinem Paradies. »Was machst du in diesem Loch hier, Chef? Ich suche dich schon seit Stunden. Es ist gleich Mittag. Wir müssen gehen.«

»Wohin?«

»Du fragst noch? Hast du keinen Hunger? Das Ferkel ist schon aus dem Bratofen gekrochen! Das duftet, dass einem das Wasser im Munde zusammenläuft ... Darum los!«

Ich erhob mich und streichelte den rauen Stamm des Mandelbaumes, der dieses Blütenwunder hervorgebracht hatte.

Sorbas ging voran, flink, unternehmungslustig und hungrig. Die Urbedürfnisse des Menschen – Essen, Trinken, Weiber, Tanz – hausten noch unerschöpflich in seinem tanzwütigen Körper. In der Hand trug er einen Gegenstand, der in rosa Papier gewickelt und mit einem goldenen Faden verschnürt war.

»Ein Neujahrsgeschenk?«, fragte ich.

Sorbas suchte hinter einem Lachen seine Rührung zu verbergen.

»Nun ja. Die Arme soll sich nicht zu beklagen haben! Sie soll sich an die Glanzzeit erinnert fühlen ... Sie ist eine Frau, haben wir doch gesagt, also ein leicht verletzliches Geschöpf.«

»Ein Foto?«

»Wirst schon sehen, nur Geduld! Ich hab es selbst gebastelt. Wir müssen uns beeilen!«

Die Mittagssonne tat unseren Knochen wohl. Auch das Meer erwärmte sich in der Sonne und schien zufrieden und glücklich. Sogar das Felseneiland in der Ferne, das in leichten Dunst gehüllt war, schien sich aus dem Wasser gehoben zu haben und zu schwimmen.

Wir kamen ins Dorf. Sorbas ging an meiner Seite und sagte leise: »Weißt dus schon? Die Person war in der Kirche. Ich stand ganz vorn neben dem Vorsänger. Plötzlich sah ich die heiligen Ikonen aufstrahlen. Christus, die Heilige Jungfrau, die zwölf Apostel, alle glänzten. ›Was kann das nur sein?‹, sagte ich und bekreuzigte mich. ›Etwa die Sonne?‹ Ich drehte mich um, es war die Witwe.«

»Hör auf, Sorbas! Genug damit«, sagte ich und beschleunigte meine Schritte.

»Ich habe sie aus der Nähe gesehen, Chef. Auf der Wange hat sie ein Schönheitsfleckchen, das einen närrisch machen kann. Was für ein Wunderding, wirklich, so ein Schönheitsfleckchen auf den Wangen der Frauen!«

Er riss seine Augen vor Staunen noch weiter auf.

»Kennst du das, Chef? Die Haut ist spiegelglatt. Auf einmal ist da ein schwarzer Fleck, und das genügt, dir den Kopf zu verdrehen. Kannst du das verstehen? Was sagen deine Bücher dazu?«

»Der Teufel soll sie holen!«

Sorbas lachte vergnügt.

»Endlich mal!«, sagte er. »Geht dir ein Licht auf?«

Wir gingen schnell am Kaffeehaus vorbei, ohne uns aufzuhalten. Madame Hortense hatte im Backofen ein Spanferkel zubereitet und empfing uns an der Schwelle.

Sie hatte wieder das gelbe Band um den Hals geschlungen, und wer sie so dastehen sah, dick geschminkt und gepudert, die wulstigen Lippen dunkelrot gemalt, der konnte tatsächlich vor ihr erschrecken. Sobald sie uns erblickte, geriet der ganze Fleischberg vor Entzücken in Bewegung. Ihre farblosen Äuglein flitzten neckisch hin und her und blieben an Sorbas' aufgezwirbeltem Schnurrbart hängen.

Sobald die Haustür fest zugeriegelt war, packte er sie um die Hüfte.

»Ein frohes neues Jahr, meine Bubulina! Sieh mal, was ich dir mitgebracht habe«, sagte er und küsste sie auf ihren dicken, faltigen Nacken. Die alte Sirene wurde schwach, aber sie ließ es nicht merken. Gespannt blickte sie auf das Geschenk, riss es Sorbas aus der Hand, löste die goldene Schnur, entfernte das Papier und gab ihrer Freude durch laute Ausrufe lebhaften Ausdruck. Ich bückte mich, um zu sehen: Auf einem dicken Pappdeckel hatte der Galgenstrick vier große beflaggte Kriegsschiffe in gelber, brauner, grauer und schwarzer Farbe gemalt. Das Meer war rosig, und mitten zwischen den Schiffen schwamm auf den Wogen eine schneeweiße, splitternackte Sirene mit entfesseltem Haar, vorgestreckter Brust, einem gewundenen Fischschwanz und einem gelben Bändchen um den Hals – Madame Hortense. Sie hielt vier Fäden in der Hand und an ihnen die vier Kriegsschiffe fest, von denen die englische, die russische, die französische und die italienische Flagge wehten. Und an jeder Ecke des Bildes hing ein Bart, ein blonder, ein brauner, ein grauer und ein rabenschwarzer.

Die alte Chansonette verstand sofort, was das sinnige Geschenk zu bedeuten hatte.

»Ich!«, sagte sie, indem sie stolz auf die Sirene wies. Sie seufzte: »Ach, ach, auch ich war einmal eine Großmacht …«

Sie griff nach einem kleinen runden Spiegel, der über ihrem Bett neben dem Papageienkäfig hing, und hängte dafür Sorbas' Kunstwerk hin. Unter dem dicken Firnis von Schminke und Puder mochte ihr Gesicht vor Freude die Farbe gewechselt haben. Sorbas pirschte sich in die Küche. Er hatte Hunger. Er brachte die Platte mit dem Ferkel, stellte eine große Flasche Wein daneben und füllte die drei Gläser.

»Bitte zu Tisch!«, rief er und klatschte in die Hände. »Wir beginnen mit dem Bauch als der Grundlage. Später, meine Bubulina, gehen wir tiefer!«

Aber die Seufzer unserer alten Sirene hatten die Heiterkeit etwas getrübt. Auch sie mochte jedes Mal zum Neujahrstag ihr kleines »Jüngstes Gericht« halten. Auch sie mochte über ihr vergangenes Leben nachdenken und es für verpfuscht halten. In diesem Frauenkopf, der so viel Haare hatte lassen müssen, standen an solchen Feiertagen die großen Städte, die Männer, die seidenen Überröcke, die Sektflaschen und die parfümierten Vollbärte aus den Grüften ihres Herzens wieder auf und riefen nach ihr.

»Ich habe keinen Appetit«, murmelte sie geziert, »ich habe keinen Appetit ...«

Sie kniete vor dem Kohlenbecken und schürte die glühenden Kohlen. Das Feuer spiegelte sich in ihren hängenden Wangen. Eine Locke fiel ihr von der Stirn und streifte das Feuer. Ein aufdringlicher Geruch nach versengten Haaren verbreitete sich sofort in der Kammer.

»Ich esse nichts ... ich esse nichts«, wiederholte sie, als sie merkte, dass wir keine Notiz davon nahmen.

Sorbas ballte ärgerlich die Faust, er war einen Augenblick unentschlossen. Er konnte sie nach Belieben ihrem Dickkopf überlassen, während wir uns auf das Spanferkel stürzten. Er konnte auch vor ihr knien, sie in seine Arme schließen und mit einigen guten Worten besänftigen. Ich betrachtete ihn.

Die widersprechendsten Gefühle spiegelten sich in seinem gegerbten Gesicht.

Plötzlich schien er wieder beruhigt. Er hatte sich entschieden. Er kniete nieder, umfasste die Knie der Sirene und sagte in herzzerreißendem Ton: »Wenn du nicht essen willst, meine Bubulina, geht die Welt zugrunde. Erbarme dich der Welt und iss dieses Ferkelfüßchen!« Und er streckte ihr die kleine knusprige Haxe in den Mund.

Dann nahm er sie in seine Arme, hob sie auf und setzte sie feierlich zwischen uns auf den Stuhl.

»Iss«, sagte er, »damit uns der heilige Basilius besucht. Sonst, musst du wissen, kommt er nicht, sondern kehrt in seine Heimat, nach Cäsarea, zurück, nimmt Papier und Tintenfass, Neujahrskuchen und Geschenke, die Spielsachen der Kinder und sogar unser Ferkel mit, und der Traum ist aus. Darum öffne dein Mündchen, meine kleine Bubulina, und iss!«

Er streckte zwei Finger aus und kitzelte sie in der Achselhöhle. Die alte Sirene kicherte, trocknete ihre geröteten Augen und nagte mit Genuss an dem knusprigen Füßchen …

Plötzlich begannen uns zu Häupten, auf dem Dach, zwei verliebte Kater zu miauen. Ihre Stimmen hoben und senkten sich hassvoll und drohend, und schon hörten wir sie sich balgen und sich gegenseitig zerfleischen.

»Miau, miau«, machte Sorbas und sah Madame Hortense mit eingekniffenem Auge an.

Sie lächelte und drückte ihm heimlich unter dem Tisch die Hand. Ihre Kehle löste sich wieder, und sie schloss sich in bester Stimmung dem gemeinsamen Mahle an.

Die Sonne ging langsam unter. Ihre Strahlen drangen durch das kleine Fenster und ließen sich auf den Füßen Bubulinas nieder. Die Flasche war leer, und Sorbas hatte sich wie ein streunender Kater den Schnurrbart geputzt und an das »ewig Weibliche« sich herangemacht. Madame Hortense hatte den

Kopf eingezogen, und der warme Weindunst, der dem Mund ihres Nachbarn entströmte, ließ sie erschauern.

»Was für ein Rätsel, Chef!«, wandte sich Sorbas an mich. »Bei mir ist alles verkehrt. Als kleiner Junge – so sagte man mir – benahm ich mich wie ein Alter, ich war ernst, wortkarg und hatte eine tiefe, greisenhafte Stimme. Ich war, so hieß es immer, meinem Großvater sehr ähnlich! Aber je mehr ich an Jahren zunahm, desto leichtsinniger wurde ich. Mit zwanzig begann ich Streiche auszuhecken, aber mit Maßen, und es waren auch nur die üblichen. Erst mit vierzig kam ich auf den richtigen Geschmack und geriet in die tollsten Händel. Und heute, wo ich die sechzig überschritten habe – ich bin genau fünfundsechzig Jahre alt, aber das ganz unter uns –, heute also, wo ich über sechzig bin … ja, wie kannst du das erklären, Chef? – Bei Gott, die Welt ist mir heute zu klein.«

Hochzeit auf Kreta

Roland Hampe

Es war noch früh am Morgen. Vor uns dehnte sich das Meer unendlich weit nach Süden aus. Hinter uns stieg das Gebirge fast senkrecht aus dem Meere auf. Am Abend vorher waren wir hier angekommen, gerade als die Sonne unterging. Da hatten wir die Gipfel dieser Berge in warmem Rosenrot aufleuchten sehn, traumschön und wie zum Greifen nah. Nun schienen sie, im hellen Tageslicht, fast farblos, unnahbar und entrückt. Nach dumpfer Nacht blies nun ein kühler Wind. Er regte kurze Wellen auf, die an die Mole schlugen. Das kleine Boot, das uns aufnehmen sollte, hüpfte ungeduldig auf den Wellen. Der Bootsführer, ein stoppelbärtiger Alter mit nacktem Oberkörper, die Hände und die einstmals helle Hose über und über mit Öl und Ruß beschmiert, ein leibhaftiger Hephaistos, bemühte sich, den Motor in Betrieb zu setzen. Dreimal, viermal. Es wollte nicht gelingen. Meinen Begleitern, mit griechischen Verhältnissen noch nicht vertraut, kamen Bedenken. »Er wirds schon schaffen«, äußerte ich zuversichtlich. Kaum war dies ausgesprochen, sahen wir Hephaistos emsig hin und her hantieren. Er übergoss das Motorgehäuse mit einer Flüssigkeit. Benzingeruch wehte zu uns herüber. Blitzschnell zündete er ein Streichholz an. Das Ganze stand in Flammen. Unwillkürlich traten wir ein paar Schritte rückwärts. Aber es ereignete sich nichts. Das Feuer brannte, flackerte und verlosch. Noch zwei-, dreimal wiederholte sich dies

Schauspiel. Die Esse des Hephaistos brannte lichterloh. Dann sprang der Motor an.

Welch seltsame Künstler sind diese heutigen Griechen! Wenn es ihnen auch nicht mehr gelingt, schlechthin vollkommene Gebilde zu erschaffen wie ihre Vorfahren im Altertum, so ist ihnen doch die Gabe verliehen, das schlechthin Unvollkommene, das sonst in aller Welt unbrauchbar wäre, so zu handhaben, dass es für sie verwendbar wird. Jeder Motor, jede Maschine wird von diesen modernen Nachfahren des Hephaistos, die zum guten Teil kaum lesen oder schreiben können, mit unglaublicher Einfühlungsgabe wie ein Lebewesen genommen, individuell behandelt. Unmöglich Scheinendes wird dadurch möglich.

Wir fuhren die steile eintönige Küste entlang, nur hin und wieder eine Bucht abschneidend. Welch blühender Reichtum drüben auf der anderen Seite der Insel. Doch hier im Süden, wie rau und unwirtlich. Über steilen Felsen, die ins Meer abstürzen, hie und da ein Ziegenpfad. Sonst unwegsame Wildnis. Im blendend hellen Licht, das durch die Wellen tausendfach zurückgeworfen wurde, schloss ich die Augen und ließ die Sonne durch die Lider scheinen. Das eintönige Tuckern des Motors, das unentwegte Schaukeln auf den Wellen schläferten mich ein, zumal ich nachts in Paläochora, in der dumpfen Luft und von unzähligen Mücken heimgesucht, nicht viel geschlafen hatte. Ich erwachte erst, als wir dem Ziel schon nahe waren. Am Fuß der Weißen Berge, am Ende jener stundenlangen Schlucht, die im Volksmund Pharangi von Samaria genannt wird, dort wo sich die Felsen nach dem Meer zu öffnen und ein kleines Delta, das der Gießbach angeschüttet hat, umspannen, liegt ein Dorf. In diesem Dorf, in Aja Rumeli, am südlichsten Rande von Europa, in einer Welt des Friedens, waren wir – mitten im Kriege – zu einer Hochzeit eingeladen.

Das Gastrecht ist in Griechenland uralt und heilig, die Rolle des Gastfreundes nach strengen Regeln festgelegt und unentrinnbar. Vor dem Hause des Bräutigams wurden wir auf Stühle genötigt, als Ankömmlinge mit Tresterschnaps, Rosinen und Mandeln bewirtet. Der Bräutigam ließ es sich nicht nehmen, uns selber zu bedienen. Er trug schon Festtracht, obwohl im Haus noch manches zu verrichten war. Immer wieder kam er, um etwas Neues anzubieten, mit weiten weißen Ärmeln, um die schmale Hüfte die breite Binde mehrfach herumgeschlungen, um den Kopf das schwarze Tuch, als Wulst gewunden, sodass die Fransen in die Stirne hingen. Darunter blickten uns seine schwarzen Augen bescheiden und beinahe verlegen an, als bange er, es seinen Gästen doch nicht gut genug zu machen. Auf den Schnaps folgte weißer Käse, den man mit der Gabel in duftendem goldgelbem Honig wälzte. Gebackene Kleinigkeiten von Herz und Leber schlossen sich an. Dazu roter ungeharzter Wein.

Neben uns im Schatten der Platane hingen fünf abgehäutete Ziegen. Die blutigen Köpfe baumelten nach unten und glotzten uns mit glasigen Augen an. Man wolle sich die Hochzeit etwas kosten lassen, meinten wir naiv. Aber ich wurde, da der griechischen Sprache mächtig und somit vertrauenswürdig, mit einem Augenzwinkern aufgeklärt, sie seien nicht aus eigenem Bestand. Ehrenhaft und als Zeichen der Mannhaftigkeit gilt es vielmehr, sich den Hochzeitsschmaus – unter Einsatz seines Lebens – aus fremder Herde zu besorgen.

Der Gießbach rauschte nah beim Haus vorüber, tief in die Felsen eingeschnitten. Er schied das Dorf in zwei getrennte Hälften. Weiter unten führten zwei gemauerte gewölbte Brücken hinüber, hier nur ein schmaler hölzerner Steg. Am anderen Ufer lag das Haus des Schwiegervaters. Nach griechischem Brauch dürfen sich Braut und Bräutigam am Tage vor der Hochzeit nicht begegnen. So blieb die Braut im Hause, von ihren Freundinnen besucht. Ab und zu sah man ein weibliches

Gesicht für Augenblicke aus dem Fenster lugen, das sich sofort zurückzog, wenn man selbst aufblickte. Scheu und Neugier hielten sich etwa die Waage.

Um der erdrückenden Gastfreundschaft für eine Weile zu entgehen, schlugen wir vor, wir wollten uns die Schlucht von Samaria ansehen. Das Gastrecht forderte, dass wir begleitet wurden. Die Schlucht war eher eine Klamm, in hohe Felswände senkrecht eingefressen, oft nur wenige Meter breit, weglos, vom Gießbach wild durchbraust. Nach den großen Regengüssen ist sie nicht begehbar. Dann ist das Dorf für Wochen von der Umwelt abgeschnitten. Eine Stunde lang ging Siphis, unser Führer, auf weichen Sohlen vor uns her, bald von Fels zu Fels, bald über Wasserstrudel springend. Obwohl er gut in den Fünfzigern sein mochte, hatten wir unsere Mühe mitzukommen. Man hat so viel von dorischem Erbe auf Kreta gesprochen. Bei dem tierhaft weichen Gang, den überschlanken Hüften dieser Männer erinnerte ich mich eher an Gestalten der vordorischen Epoche, wie wir sie von den Wandgemälden der minoischen Paläste kennen. Wo die Schlucht sich so viel weitete, dass in der Höhe über unserer schattigen Felskluft hell beschienene Gipfel sichtbar wurden, zeigte uns Siphis – voll Stolz und voller Misstrauen – ein kleines altmodisches Sägewerk, das ihm gehörte. Und woher kam das Holz? Es wurde aus schwindelnden Höhen auf einer ureinfachen Seilbahn abgeseilt. Wir blickten aufwärts. Unerfindlich, wie Menschen überhaupt dorthin gelangen konnten.

Als wir uns zum Heimwege wandten, gesellte sich ein Schafhirt zu uns, ein struppiger Rotbart mit wässerig blauen Augen. Auch er ein Angehöriger der Familie Wiglis wie Siphis, unser Führer, wie der Bräutigam in Aja Rumeli und wie der große Wiglis, Theodoros oder vertraulicher Theodoris genannt. Ich war erst wenige Tage auf Kreta, aber ich hatte schon von ihm gehört. Herdenbesitzer und Jäger, Viehdieb und Brauträuber, geachtet und gefürchtet, lebte er, von mythischem Nimbus umwittert, als ungekrönter König irgendwo auf den Weißen Bergen. Aber auch seine Freiheit reichte nur so weit als seine Berge. Drunten konnte er sich in Sicherheit nicht blicken lassen, denn von der Welt des Bürgerlichen Gesetzbuches war er einst zu insgesamt zweiundzwanzig Jahren verurteilt worden, von denen er nur eine kleine Spanne abgesessen hatte. Niemand wusste daher, oder niemand traute sich zu sagen, wo er sich gerade aufhielt. Ich fragte den Hirten, ob er wohl zu diesem Festtag der Familie Wiglis kommen werde. Der meinte: »Wo man ihn erwartet, lässt er sich nicht blicken. Aber wo niemand mit ihm gerechnet hätte, ist er plötzlich da.«

Als wir in das Dorf heimkehrten, fanden wir dort alles auf den Beinen. Die Mitgift wurde in feierlichem Schaugepränge vom Haus der Braut ins Haus des Bräutigams gebracht. Schon hatte der Zug, vom jenseitigen Ufer kommend, die untere gewölbte Brücke überquert und bewegte sich bachaufwärts. Voraus schritten zwei Musikanten mit Klarinette und dem kretischen Fiedelinstrument, der sogenannten Lyra. Ihnen folgte ein Knabe, der ein Körbchen in den Händen trug. In ihm waren die kleineren und kostbareren Gaben vereint. Ich konnte ein Riechfläschchen und einen seidenen Schlüpfer erspähen. Dann kamen in langem Zug Maultiere und Esel, von Treibern geführt, heran. Es war offenbar alles aufgeboten worden, was an solchen Vierbeinern im Dorf zu finden war. Mit bunten Wolldecken beladen – am schönsten waren die schwarz-roten –, mit Linnentüchern behängt, mit Kissen und Beuteln bepackt, kam die Karawane daher, gefolgt von der gesamten Dorfbevölkerung.

Vorm Haus des Bräutigams wurde abgeladen. Decken und Kissen, Beutel und Linnen wurden die steile Treppe hinaufgebracht zum Raume, den der Bräutigam dort für sich und seine künftige Frau errichtet hatte. Die Eltern ziehen sich auf das

Altenteil zurück. Sterben sie, so lässt man ihr Gemach verfallen. So kommt es, dass in jenen Dörfern neue und bewohnte Häuser so seltsam mit Ruinen wechseln.

Der Raum des jungen Paares wird Onda genannt. Ich kannte dieses Wort nur aus der Sprache der Volksmärchen, wo etwa das Schlafgemach der Prinzessin so bezeichnet wird. Hier im kretischen Onda war in einer Ecke auf hohem kistenförmigem Holzaufbau breit und eindrucksvoll das Hochzeitsbett gerichtet. Oben an den vier Wänden umlaufend waren Holzstangen, unten schlichte Bänke aus Brettern hergerichtet. Die Wolldecken wurden auf die Stangen gehängt, Linnen und Beutel auf die Bänke gebreitet. Dann flutete das ganze Dorf herein, in dichtem Schwarme nacheinander die Männer, die Frauen und die Kinder. Es war, als ob das Haus zusammenbrechen müsste. Die dicken Wolldecken wurden mit den Fingern geprüft, die Kissen befühlt, die Linnen betastet. Der Wert der Mitgift, und das heißt der Wert der Braut, wurde damit abgeschätzt.

Als nach kurzer Dämmerung die Dunkelheit einbrach und sich der Strom verlaufen hatte, traten neue Gäste auf den Plan. Es waren die Traugevatter, Kumbari, nach dem französischen *compère* benannt. Zehn, zwölf, vierzehn Stunden weit waren sie über das Gebirge durch die Schlucht von Samaria gekommen, zwölf an der Zahl, ganz unwahrscheinliche Gestalten. Was die Weißen Berge an Wildheit, Männlichkeit, Verwegenheit aufzuweisen hatten, das hatte sich, in allen Spielarten, in dieser Nacht zum Hochzeitsschmaus in Aja Rumeli eingefunden. Nur Theodoris, das Haupt der Sippschaft Wiglis, blieb unsichtbar.

Von den wilden bärtigen Gevattern hoben sich zwei Gestalten ab. Der eine, jung und schön, war Mitsos, »der beste Tänzer«, wie man mir zuraunte. Er trug das schwarze Kopftuch mit den Fransen, die Leibbinde, die weißen weiten Ärmel wie die anderen, aber nicht die Pluderhose, sondern enge Bridges. Es kann auch auf der ganzen Welt nichts Eleganteres geben, als seine eng anliegenden Schaftstiefel aus weichem Schafleder es waren. Die andere war eine Frau in europäischer Kleidung bis auf die hohen kretischen Stiefel, die sie zum Marsch über das Gebirge angezogen hatte. Sie durfte, als Gevatterin, als Einzige an der Männertafel sitzen.

Gevatter, Verwandte, Gäste saßen sich an langem Tisch auf den Holzbänken gegenüber. Hinter ihnen an den Wänden hingen noch die bunten Mitgiftdecken. Die Frauen standen abseits, in unscheinbarer Alltagskleidung. Der Winke der Männer harrend, glichen sie verschüchterten Vögeln, die immer wieder durch ein Händeklatschen, einen derben Ruf, ein kräftiges Pochen mit dem Glase aufgescheucht losflatterten, um das Gewünschte rasch herbeizubringen. Ich weiß nicht, ob es eine andere Gegend in Europa gibt, wo der Unterschied von Mann und Frau so ausgeprägt und so durchgehend anzutreffen ist wie dort auf Kreta: die Frauen so friedfertig, so gut, so sanft-ergeben, die Männer so kräftig-rau, so trotzig-stolz, so ungestüm und so verwegen.

Das kretische Gastmahl war kein Festessen nach europäischer Art, keine Mahlzeit mit festen Gängen. Es gab da keine Tischreden mit geistreichen Redewendungen oder abgetrabten Phrasen. Die Speisen wurden vielmehr in langer Abfolge und in losen Abständen einzeln aufgetragen. Dazu wurde der Hochzeitsgesang angestimmt. Es war ein Wechselgesang, der wie das Gastmahl selber mehrere Stunden dauerte. Er hatte zweiundvierzig Strophen. Es sang jeweils die eine Tischseite, dann erwiderte nach einer Zeit die Gegenseite. In den Zwischenpausen wurde gelärmt, gelacht, gegessen und getrunken. Aber es war nicht jene formlose Weinseligkeit, die bei uns so häufig einreißt und sich in banal-sentimentalen Liedern kundtut. Alles spielte sich in festen, durch den herkömmlichen Brauch geprägten Formen ab. Über allem Lärmen, aller Festesfreude lag etwas wie feierlicher Ernst gebreitet. Wenn die Männer den Gesang anhuben, lehnten sie den Kopf zurück, zuweilen die eine Hand hinter die Ohrmuschel haltend, als wollten sie dem eigenen Gesange lauschen. Die Mienen waren dabei gespannt und ernst, die Augen in ekstatischer Entrückung fast geschlossen. Die Töne wurden aus den Kehlen eher herausgepresst als eigentlich gesungen. Es war eine seltsam fremde, für uns wehmütig klingende Weise, die von den rauen Männerkehlen hervorgestoßen wurde und sich immer wiederholte.

In der westlichen neuerungssüchtigen Welt sucht man die Abwechslung, wird man selbst einmaliger Wiederholung oft schon überdrüssig. Dort aber in den kretischen Bergen liebt man gerade das Überkommene, das immer schon Gesehene und Gehörte, die Wiederholung. So waren auch die Scherze, die in den Pausen vorgebracht wurden, typischer Art. Ein individueller Witz, aus dem Augenblick geboren, würde dort gar nicht verstanden werden. Hebt man aber das leere Glas, betrachtet es kopfschüttelnd von der Unterseite und sagt dazu: »Habt Ihr denn löcherige Gläser hier?«, so wird dieser alte, tausendmal gehörte Scherz ganz sicher seine Lacher finden. Es ist das Altbekannte, das Typische, das Immerwiederkehrende, das dort gefällt und dessen man nicht müde wird. Vielleicht ist das Bedeutendste, was der fremde Reisende aus Griechenland mitnehmen kann – oder doch mitnehmen könnte –, die Einsicht, dass in diesem Lande Stufen, welche die Menschheit in ihrer Entwicklung durchlaufen hat, etwa die vorgeschichtliche, die archaische neben der modernen auf engstem Raume beieinander wohnen und als heute noch lebendige Daseinsformen erfahren werden können.

Hier am Fuß der Weißen Berge Kretas war die Lebenshaltung durch und durch archaisch. Auf den Fremden, zumal den Neuling in Griechenland, wirken diese Formen, wirken zumal die Gesänge mit ihren stetigen Wiederholungen eintönig und ermüdend. So waren denn nach einer Weile meine beiden Begleiter auf der Bank neben mir fest eingeschlafen. Niemand nahm das übel, wie man überhaupt in Griechenland, nicht nur gegenüber dem Gastfreund, ungemein duldsam ist. Nur der Hausherr lächelte mir voll Verständnis zu. Es hatte nämlich beim Betreten des Hauses eine kleine Schwierigkeit gegeben. Meine Begleiter weigerten sich, Koppel und Pistolen abzulegen. Ich erklärte ihnen, dies werde wie eine tödliche Beleidigung wirken; aber sie beriefen sich auf die Dienstvorschrift. Ich suchte ihnen klarzumachen, dass es in Griechenland nichts Heiligeres und Unverbrüchlicheres gebe als die Gastfreundschaft. Sie sei ein sehr viel besserer Schutz als ihre Pistolen. »Selbst wenn die Engländer heut Nacht hier landen sollten«, sagte ich, »so würde man uns mit sicherem Geleit von hier wegbringen, weil das Gastrecht es so fordert. Auch ist es durchaus möglich, dass ein Engländer ebenso wie wir in diesem Hause heute oder morgen als Gastfreund aufgenommen und bewirtet wird.« Da hatten sie sich bereden lassen. Pistolen und Koppel wanderten in eine große Truhe, die unter Scherzen ostentativ verschlossen wurde. Der Bräutigamsvater hatte unseren Disput mit angehört. Wenn er auch kein Deutsch konnte, so hatte er doch den Sinn unserer Worte offenbar genau verstanden. Nun lächelte er mir bedeutsam zu. Die beiden Begleiter saßen neben mir auf der Bank und schliefen – die Pistolen schliefen ebenfalls in ihrer Truhe.

Von nun ab konzentrierte sich die Gastlichkeit auf mich, nicht nur durch Zutrinken mit dem roten ungeharzten Wein, der etwas Raubtierhaftes an sich hatte: Erst schlich er an auf leisen Sohlen, dann packte er plötzlich wie mit starken Pranken zu … nein, auch mit Essen wurde ich verwöhnt. Immer wieder kam ein neuer Gönner, spießte einen Leckerbissen auf die Gabel und schob ihn mir zum Zeichen seiner besonderen Gunst über den Tisch weg in den Mund. Ab und zu stieg ich im Dunkeln draußen vor dem Haus hinab zum Gießbach, hielt meinen Kopf ins kalte Wasser, um mich zu ernüchtern, und trank in großen Zügen, um mir wieder Luft zu schaffen.

Meine Begleiter auf der Bank neben mir waren aufgewacht und wünschten schlafen zu gehen. Auch das war ein Gegenstand ihrer Sorge gewesen, wo sie zum Übernachten unterkommen würden. »Darüber spricht man hierzulande nicht«, hatte ich ihnen gesagt. »Wenn Sie schlafen wollen, wird alles vorbereitet sein.« So war es auch. Sie wünschten zu schlafen, alles war bereit. Siphis erhob sich und führte sie durch die Dunkelheit zu seinem Haus.

In dieser vorgerückten Stunde trafen zwei weitere Gäste ein, die weder zu den Gevattern gehörten noch zu den Verwandten zählten. Es war nicht durchsichtig, woher sie kamen. Aber sie wurden wie alte Vertraute empfangen und in den Kreis der Schmausenden und Zechenden aufgenommen. Ich war erst kurz auf Kreta, sonst hätte es mich stutzig machen müssen, dass der mit dem schwarzen Schnauzbart, den sie Alekos nannten, zwar kretische Volkstracht, aber nicht die Tracht von Sphakia, sondern die des Nachbargaues Selinos trug. Zwischen Sphakia und Selinos aber bestanden uralte unversöhnliche Blutrachefehden. Aber auch der andere, Jannis, einen Kopf größer als ich selber, mit abgetragenem Zivil, rötlichem Haar und leichten Sommersprossen, hätte mir auffallen sollen. Erst Wochen später erfuhr ich, wer sie wirklich waren: Beide waren englische Offiziere, Leiter von britischen Funkstützpunkten auf der Insel. Was ich meinen Begleitern über hellenische Gastfreundschaft orakelt hatte, war rascher, als ich selber ahnte, in Erfüllung gegangen. Wir hatten gemeinsam an dem kretischen Hochzeitsschmause getafelt, gezecht, gescherzt, geplaudert – mitten im Kriege, unter dem Mantel griechischer Gastfreundschaft.

Mitternacht war längst vorüber, als der Tanz begann, unten zu ebener Erde in einem dumpfen Raume auf gestampftem

Estrich bei spärlicher Beleuchtung: Syrtos, der Reigen, der in ganz Griechenland verbreitet ist, an dem auch die Frauen teilnehmen, dann der eigentlich kretische, Pentosali, und andere Männertänze. Immer, wenn die Musik aussetzte, flogen die Geldscheine auf den Teller der zwei Musikanten, Fünftausender, denn es war Inflation. Höhere Werte als Fünftausender durften nicht gedruckt werden, und da diese von der Geldentwertung längst überholt waren und ständig weiter überholt wurden, hatte es keinen Sinn mehr, diese Scheine noch zu zählen. Man maß die aufgeschichteten Geldscheinbündel vielmehr mit dem Zollstock, so hoch die gebrauchten, so hoch die ungebrauchten, und schätzte die Hunderttausender auf diese Weise ab. Daher saßen die Fünftausender nur lose in der Tasche.

Wenn der Teller sich genug gefüllt hatte, hob die Musik von Neuem an. Der Reigenführer fasste die Reigenkette, zog sie im Kreise hinter sich her, selbst kunstvollere Figuren machend, bis ihn ein anderer ablöste. Dann reihte er sich hinten an die Kette an. Die Drehungen, Windungen, kreiselnden Bewegungen, Kniebeugen, Sprünge der Vortänzer, Paartänzer oder Einzeltänzer wurden gelegentlich von kurzen schrillen Ausrufen begleitet, die der Tanzende selbst ausstieß, während die Umstehenden den Rhythmus mit den Händen klatschten. Schließlich trat Mitsos auf. Er hatte bis dahin wie teilnahmslos in einer Ecke auf dem Stuhl gesessen. Nun plötzlich packte es ihn; die Musik spielte in immer schnellerem Rhythmus auf, alle beteiligten sich am Händeklatschen, während er mit ernstentrücktem Antlitz sich im Tanze schwang und seine Sprünge machte. Das Kunstvollste gelang ihm mühelos. Hätte er im 8. vorchristlichen Jahrhundert, der Zeit Homers, gelebt, so hätte man ihm als Preis die Kanne zuerkannt, die bei den Ausgrabungen gefunden wurde, eine tönerne Kanne, auf der die Inschrift eingeritzt ist: Wer aber von allen Reigentänzern am hübschesten tanzt, soll dies empfangen.

Auch ich wurde schläfrig, wurde von Siphis in sein Haus geleitet. Auf schmalen Bänken, die nach alter Türkenbauart an den Wänden umliefen, wurden wir gebettet, hart, aber blitzsauber mit frischem ungebrauchtem Linnen und Wolldecken aus der Mitgifttruhe. Schon unwahrscheinlich früh wurden wir durch das Treppauf-Treppab im Hause aus dem Schlaf gescheucht. Als ich vor die Haustür trat, stand Frau Maria neben mir. Sie goss mir aus einer Kupferkanne Wasser über die Hände, reichte mir Handtuch und Seife. Waschung des Gastes ist Frauenvorrecht seit homerischer Zeit.

Ein Gang durchs Dorf führte zu unentwegten Aufenthalten. An jedem Hoftor mussten wir stehen bleiben, bis uns auf dem üblichen Tablett Schnaps, Mandeln und Rosinen angeboten waren. Dem Ortsvorsteher gelang es, uns in seinen Hof zu locken. Ehe wir es uns versahen, hatte er zwei Hühner gepackt und ihnen die Hälse abgedreht. Die Hühner wurden gerupft, Reisig wurde gesammelt, Feuer geschürt … wir hatten reichlich Muße, uns die beiden jungen Wildzicklein zu betrachten, die in einem käfigartigen Stall im Hofe ängstlich hin und her huschten. Erst vor wenigen Tagen waren sie gefangen worden und zuckten noch bei jeder plötzlichen Bewegung scheu zusammen. Diese Bezuarziegen, von den Einheimischen Agrimia genannt, leben noch in einer kleinen Zahl hoch droben auf den Weißen Bergen. Einem deutschen Förster gelang es nur nach wochenlangen Mühen, einige von ihnen aus der Ferne mit dem Teleobjektiv fotografisch festzuhalten, denn sie sind scheuer und behänder als die Gämsen. Aber die Kretenser, selbst behände wie die Wildziegen, hatten diese Jungen lebend aufgestöbert und gefangen. Sie sollten beim Kommandanten abgegeben werden. Er hatte dafür Seife, Bohnen und Getreide für das Dorf versprochen.

Vom Hühnerschmause wurden wir abgerufen. Alles sei zur Hochzeit bereit. Man warte nur auf uns. Wir mussten den

Gießbach auf dem schmalen Holzsteg überqueren. Auf jeder Felsstufe hinunter und hinauf wurde uns ein Schnapsglas eingeschenkt, das wir in einem Zug bis auf den Grund leeren mussten. Auf der Schwelle seines Hofes wartete der Schwiegervater. Wir durften nicht passieren, ohne drei gefüllte Gläser bis zum Grund zu leeren.

Der Pope war ärmlich gekleidet. Er hatte schlechte Zeiten durchzumachen. Denn diese Popen haben keine staatlich beigetriebenen Einkünfte. Sie leben von freiwilligen Spenden, die etwa bei Kindstaufen oder Hochzeiten eingehen. In jenen Kriegszeiten fanden Hochzeiten auf Kreta aber nur selten statt, nicht zuletzt darum, weil die herkömmlichen Gebräuche nicht voll erfüllt werden konnten. Darum war für den Popen heute ein besonderer Festtag. Das Haus hatte die vielen Menschen nicht fassen können. So war im Freien ein kleiner wackeliger Holztisch als Altar hingestellt worden. Eine weiße Decke mit Fransen lag darüber. Unter dem Tische lag eine Topfscherbe für den Weihrauch. Ab und zu bückte sich der Pope und holte dieses simple Utensil aus der Versenkung herauf, um damit zu räuchern. Man gab mir durch Zeichen zu verstehen, es werde nicht lange dauern. Der Pope sei mehr fürs lange Trinken als fürs lange Beten. So war es auch. Bald war der eigentliche Trauakt an der Reihe. Braut und Bräutigam trugen nach griechischem Hochzeitsritus einen Kranz von Zitronenblüten. Beider Kränze waren durch ein Band verbunden. Dreimal wurden sie durch den Priester auf den Köpfen der beiden vertauscht. Dreimal wurden auch die Ringe von Braut und Bräutigam gewechselt, während alle Gebete dreimal dreimal, also neunmal dazu gesprochen wurden. Dann führte der Priester das Brautpaar, das die Hände verschränkt hielt, dreimal um den Altar herum. Während dieses Umgangs prasselte auf die beiden ein wahrer Regen von Feigen, Nüssen, Mandeln, Reiskörnern und Rosinen nieder – antiker Fruchtbarkeitszauber.

Auf diesem Höhepunkt des Festes ereignete sich etwas Unerwartetes. Plötzlich kam Unruhe in die Versammlung. Alle Umstehenden wandten sich um und blickten nach außen. Auch ich blickte dorthin. Ohne dass wir es gemerkt hatten, waren wir von einem Aufgebot griechischer Landgendarmerie umstellt worden: vierzig Gendarmen und zwei Gendarmerieoffiziere. Aller Blicke waren zunächst dorthin gerichtet. Es herrschte Totenstille. Dann wandten sich die Blicke um und blieben auf mir haften. Es fiel kein Wort, aber ich verstand. Langsam löste ich mich aus dem Kreis und schritt auf den Gendarmerieanführer zu. Wir begrüßten uns höflich. Ich fragte nach seinem Begehr. Er erwiderte, dies Dorf beherberge die berüchtigtsten Viehdiebe von ganz Kreta. Man habe auf der griechischen Präfektur in Chania von dieser Hochzeit gehört, ihn mit seinen Leuten herbefohlen, um das Dorf an diesem Festtag zu umstellen, in der Erwartung, dabei alle die zu finden, nach denen man schon so lange vergeblich gefahndet hatte.

Es war nicht zu leugnen, dass den Gendarmen ihre Aufgabe gelungen war. Ich sah mich um: Das ganze Dorf war in der Falle. Nur die beiden Fremden – ich hatte sie doch vorhin noch gesehen – waren spurlos verschwunden. Und Theodoris der Große fehlte. Welch richtige Witterung hatte er besessen.

Ich entgegnete: »Gewiss, Sie haben Ihre Befehle. Aber denken Sie daran, dass eine Hochzeit auf Kreta in Friedenszeiten eine Woche dauert. Vierundzwanzig Stunden sollten Sie diesen Leuten mindestens zubilligen. Dann müssen Sie natürlich Ihre Pflicht tun. Bedenken Sie ferner, dass wir hier als Gastfreunde eingeladen sind.« Das Wort Xenos, Gastfreund, wirkt in Griechenland wie eine Zauberformel. Der Offizier lächelte, zog etwas die Schulter hoch und sagte mit einem kleinen Seufzer: »Eh kala« (»Nun gut«).

Das Fest nahm seinen Fortgang. Vierundzwanzig Stunden wurden die Gendarmen, wie wir später hörten, vom Dorf bewirtet. Sie haben, als sie abzogen, niemanden mitgenommen. Aber eines Tages war Chania, die Hauptstadt, angefüllt mit Rumelioten. Sie hatten dem Gendarmeriehauptmann ihr Ehrenwort gegeben zu kommen, und sie kamen. Alle versicherten, sie seien aus freien Stücken da. Die Vernehmungen durch die griechischen Gerichtsbehörden verliefen ganz ergebnislos. Lieber das Schlimmste, ja selbst einen Mord beschweigen, als die Behörde in die inneren Angelegenheiten Einblick nehmen lassen.

Noch etwas anderes ereignete sich eine ganze Weile später. Eines Tage erschien der Ortsvorsteher – ein frühgriechischer Bronze-Zeus – in der Hauptstadt, in Chania. Zwei junge Kretenser folgten ihm. Sie trugen die kleinen scheuen Bezuarziegen, die Agrimia, um die Schultern, die Füße vorn zusammengebunden, und kamen daher wie antike Opfertierträger. Sie lieferten die Wildziegen beim Kommandanten ab und erhielten die versprochene Belohnung für das Dorf: Seife, Bohnen und Getreide. Der Ortsvorsteher nahm das in Empfang. Aber die Deutschen in ihrer penetranten Gründlichkeit ließen es dabei nicht bewenden. Sie forschten eines Tages nach und hörten, der Ortsvorsteher habe das meiste schon in Chania in Drachmen umgesetzt – wozu auch über das Gebirge schleppen –, den Rest in Aja Rumoli an seine Familie und die Verwandten verteilt. Niemand im Dorf hatte daran Anstoß genommen, denn jeder hätte ebenso gehandelt. Die Deutschen aber erbosten sich und enthoben ihn seines Amtes. Aber das war sehr viel später.

Heute mussten wir an den Abschied denken. »Sprechen Sie doch noch ein paar Abschiedsworte. Sagen Sie unseren herzlichsten Dank, und vergessen Sie nicht, auch den ›Führer‹ zu erwähnen«, sagte einer meiner Begleiter. Ich nickte lächelnd und begann meine Dankesrede in jener etwas pathetischen Form, wie sie von den Einheimischen bei solchen Anlässen erwartet wird: »Ihr, die ihr hier unter den Weißen Bergen wohnt, am südlichsten Rande von Europa, auf einem Fleck Erde, den noch nie der Fuß eines fremden Eroberers bestapft hat, weder eines Türken noch sonst eines anderen; ihr, die ihr vor Kurzem die Welt in Staunen und Bewunderung versetzt habt durch eure Heldentaten in den Bergen Albaniens – zu euch sind wir gekommen, nicht als Eroberer, sondern als Gastfreunde zu freien Menschen ...« Ich wurde mehrfach durch Händeklatschen unterbrochen. »Ich hätte gar nicht geglaubt«, sagte mein Begleiter, der kein Wort hatte verstehen können, »dass der ›Führer‹ selbst in diesem abgelegenen Winkel so beliebt ist.«

Wir nahmen Abschied, schieden unter vielen Segenswünschen. Wir überquerten unten die gewölbte Brücke. Hitze des frühen Nachmittags lag auf der Landschaft. Die Luft war angefüllt vom süßen Duft der Oleander, die zu Hunderten im Bachbett blühten. Und der Bach, der von den Weißen Bergen kam, der die Schlucht von Samaria durchtobt, das hochzeitliche Dorf durchrauscht hatte, er schüttete nun sein Geröll am Strande aus, um darüber zu verrieseln. Das Meer dehnte sich unendlich weit nach Süden aus. Ein milder Himmel war darüber ausgebreitet. Vom Tresterschnaps, der Festesfreude, dem Duft der Oleanderblüten trunken, schwammen wir hinaus und ließen uns von den Wellen schaukeln. Dann bestiegen wir das Boot. Der Wind blies uns entgegen. In Suja, einem kleinen Küstenort, wurde Holzkohle aufgenommen. Sie wurde lose auf das Vorderdeck verladen. Bei jedem Windstoß flog der Staub nach hinten. Unsere helle Sommerkleidung wurde schwarz und schwärzer. Als wir schließlich an der Mole von Paläochora anlegten, hatten wir Hephaistos unseren Tribut gezahlt.

Als die Deutschen vom Himmel fielen

Werner O. Feißt

»Falls Sie mich treffen wollen«, hatte der Bischof gesagt, »dann müssen Sie nach Malathiros kommen. Das ist ein Dorf in den Bergen. Dort feiere ich am Sonntag einen Gedenkgottesdienst für Menschen, die im Krieg umgekommen sind.«

Wir haben den Weg nach Malathiros gefunden. Von Kastelli durch die sanften Vorberge, dann immer steiler hinauf. Wo die felsigen Gebirgskuppen beginnen, liegt das Dorf. Der Gottesdienst hat bereits begonnen. Aber bei den Orthodoxen nimmt man es mit der Pünktlichkeit nicht so genau.

Vor dem Altar steht eine Schüssel mit Koliwa, einer Mischung aus gequollenem Weizenschrot, Zimt, Sesamkörnern, Nüssen. Die Speise ist mit Staubzucker überpudert, darüber gezogen die Linien eines Kreuzes, in der Mitte eine Kerze. Die Gemeinschaft derer, die um die Toten trauern, wird die Koliwa essen, wenn der Gottesdienst zu Ende ist.

Der Bischof spricht von dem, was an diesem Tag passierte. Und er spricht von dem, was an Schuld und Leid Kreter und Deutsche verbindet. Und gemeinsam gehen wir alle hinaus zum Denkmal vor der Kirche, auf dem dreiundsechzig Namen stehen. Die Namen jener Menschen, die hier am 28. August 1944 zu Tode gekommen sind, die hier erschossen worden sind. Der Älteste war vierundsiebzig, die beiden Jüngsten gerade dreizehn.

Und dann gedenken der Bischof, die Vertreter der Regierung, des Kreises Chania und der Gemeinde und die Parteifunktionäre der Toten. Danach nehmen sie uns mit zum Gedenkessen. Wir Deutschen sitzen an einem Ehrenplatz, und die Kreter singen Mandinades, in denen sie ihre Heldentaten im Kampf gegen die Deutschen feiern. Und dann trinken sie auf uns.

Als das Mahl zu Ende ist, erzählt uns der Pfarrer Iannis die Geschichte des 28. August 1944. Es ist auch seine Geschichte. »In der Nähe von Malathiros war ein englischer Offizier mit einem Funkgerät in einer Höhle versteckt. Das ganze Dorf wusste, wo. Aber irgendjemand muss den deutschen Besetzern etwas verraten haben.

Sie kamen ins Dorf, verhafteten alle Männer und trieben sie in die Schule. Ich war einer der Ersten, die verhört wurden. Sie schlugen mich mit Gewehrkolben, warfen mich auf den Boden, traten mir in den Leib. Ich habe immer nur zu mir gesagt: Nur nichts verraten, lieber sterben denn als Verräter leben. Keiner der vierundsechzig gefangenen Männer hat den Engländer preisgegeben. Gegen Abend führten uns die Deutschen in eine Schlucht unterhalb des Dorfes. Hier mussten wir in einer Reihe antreten. Nie werde ich vergessen, wie die dreizehnjährigen Jungen weinten. Und dann schossen die Deutschen. Ich bekam drei Treffer ab und lag in der Mitte der Niedergeschossenen.«

An der Küstenstraße von Chania in Richtung Westen weist ein Schild zu einem deutschen Soldatenfriedhof. Eine schmale Straße führt durch Weingärten zu einem Hügel und endet auf halber Höhe vor einem schmiedeeisernen Tor. Dahinter ein Haus mit vielen Schautafeln, Totenverzeichnis und Besucherbuch. »Warum?«, steht da immer wieder geschrieben, »warum?«, in vielen Sprachen Europas.

Wir gehen die Treppe hinauf zu einem gewaltigen Kreuz

an der Kuppe des Hügels, der mit niedrigen roten Mittelmeerblumen bewachsen ist. Dazwischen liegen Platten mit Namen. 3192 Namen insgesamt. Als Todestag wird bei den meisten der 20. und der 21. Mai 1941 genannt, der Tag der deutschen Invasion auf Kreta. Die Geburtsjahrgänge 1920, 1921, 1922 dominieren. In einem Grab liegen zwei Brüder, der Name des dritten Bruders steht auf der Tafel für diejenigen, die nicht geborgen werden konnten; alle drei gefallen an einem einzigen Tag.

Wir hören Schüsse; genau unterhalb der Höhe 107, wie dieser Hügel mit dem Friedhof heißt, ist eine Landebahn. Nato-Flugzeuge üben dort, schießen mit Bordkanonen auf einen Erdwall. Die Piloten ziehen ihre Phantom-Jäger nach oben, fliegen um die Höhe 107 eine Schleife und kommen dann durch das Tavronitis-Tal in Baumwipfelhöhe herunter. Über der Straßenbrücke beginnen sie zu schießen. Wie damals, als die Brücke über den Tavronitis das erste Angriffsziel war. Die Sonne geht unter hinter den Bergen der Halbinsel Rodopos. Von dort drüben, von Westen, waren sie gekommen. Am frühen Morgen des 20. Mai 1941. Zuerst die Lastensegler, dann die Ju 52, die Transportflugzeuge mit den Fallschirmjägern an Bord.

Als die deutschen Truppen im April 1941 Griechenland einschließlich der Ägäisinseln überrannt hatten, blieb Kreta zunächst von der Okkupation verschont. Denn hier waren 31 500 mit den Griechen verbündete britische Soldaten und 10 300 Mann des griechischen Heeres. Über die Ägäis herrscht, wer Kreta besitzt, heißt es. Von Kreta aus konnte der deutsche Nachschub für das Afrika-Korps empfindlich gestört oder gar unterbrochen werden. Deshalb planten die Deutschen die Invasion der Insel.

Die britischen Truppen hatten sich auf den Angriff vorbereitet. Zwar fehlten ihnen Flugzeuge und schwere Waffen, ihre Stellungen aber waren gut angelegt und getarnt. Die Verteidigung konzentrierte sich auf die wichtigen Flugplätze Maleme, Rethimnon und Iraklion. Gleichwohl glaubten die Briten, dass der Hauptangriff der Deutschen von See her kommen werde.

Am Morgen des 20. Mai 1941 begann das Unternehmen »Merkur« mit schweren Bombenangriffen. Gegen sieben Uhr, während noch die letzten Bomben explodierten, landeten bei Maleme an der Höhe 107 und am Tavronitis-Fluss Lastensegler, wenig später 8620 Fallschirmjäger. Doch die Überraschung misslang. Die Verteidiger fügten den Angreifern schwere Verluste zu. Bis zum Abend gelang es den Deutschen nicht, das Flugfeld von Maleme zu erobern. Auch die Fallschirmjäger, die bei Rethimnon und Iraklion gelandet waren, kamen nicht voran. Die Staubentwicklung beim Start der Ju 52 hatte die Organisation auf den unbefestigten Feldflugplätzen in Attika völlig durcheinandergebracht. Hätten die Briten an diesem Abend nicht weiterhin auf einen Angriff von See her gewartet und ihre Kräfte entschlossen gegen die Fallschirmjäger gerichtet, wäre das Unternehmen »Merkur« wahrscheinlich gescheitert.

Am nächsten Vormittag landeten, trotz heftigen britischen Artilleriefeuers, Gebirgsjäger auf dem Flugplatz Maleme und kamen den Fallschirmjägern zu Hilfe. Innerhalb von zehn Tagen nahmen die deutschen Truppen Kreta ein. Die Briten konnten einen Großteil ihrer Soldaten mit Kriegsschiffen aus den Häfen Chora Sfakion und Iraklion nach Ägypten evakuieren. Einige Tausend kamen in deutsche Gefangenschaft, viele wurden von der kretischen Bevölkerung unter Lebensgefahr versteckt. Anfang Juni 1941 war die Besetzung Kretas vollendete Tatsache. Die Deutschen erwartete nun der lang anhaltende Widerstand der kretischen Bevölkerung. Niemand hatte damit gerechnet, dass Männer, Frauen und Kinder zur Waffe greifen würden. Aber die Kreter haben eine uralte Erfahrung mit Invasoren – mit Arabern, Venezianern, Türken. Erst 1913 war die Insel zu Griechenland gekommen. Generationen lang hatten sich ihre Bewohner gegen die türkische Herrschaft erhoben, unbeschreiblich grausam war jeweils die Rache der Osmanen. Das alles lag damals, 1941, gerade erst vier Jahrzehnte zurück. Die Kreter glaubten also zu wissen, was sie von einer neuen Besetzung zu befürchten hatten: Eroberer stecken Häuser in Brand, rauben Vieh und Geld, sie vergewaltigen Frauen, massakrieren Männer, verschleppen Kinder.

Noch heute sieht man auf Kreta gelegentlich ein Plakat, das einen deutschen Fallschirmjäger zeigt, der von einem kretischen Bauern mit einem Stein erschlagen wird. Im Hintergrund der Darstellung schießt ein anderer Kreter auf Fallschirmjäger, die noch am Schirm hängen. Das alles ist so vorgekommen. Und deutsche Fallschirmjäger erschossen jeden Kreter, den sie mit einer Waffe in der Hand antrafen. Sie erschossen die gesamte männliche Bevölkerung von Dörfern, in deren Nähe sie getötete Kameraden gefunden hatten. General Student, der Befehlshaber der Fallschirmjäger, befahl ausdrücklich, weitere Vergeltungsmaßnahmen mit größter Beschleunigung durchzuführen »unter Beiseitelassung aller Formalien und unter bewusster Ausschaltung von besonderen Gerichten«. Dieser Befehl trägt das Datum des 31. Mai 1941. Er wurde also erst nach vollendeter Invasion erlassen.

Ortschaften wurden niedergebrannt und gesprengt, mehr als vierzig völlig vernichtet, fast ebenso viele zur Hälfte, den Menschen wurde die Rückkehr in ihre Heimatdörfer verboten. Kandanos wurde zum Symbol für alle diese Orte. Auf dem Marktplatz steht in Marmor eine Reproduktion der Haustür, auf welche die Deutschen geschrieben hatten: »Zur Vergeltung der bestialischen Ermordung eines Fallschirmjägerzuges und eines Pionierhalbzuges durch bewaffnete Männer und Frauen aus dem Hinterhalte wurde Kandanos zerstört.«

Während der Besatzungszeit bemühten sich die Deutschen,

Kreta als Teil der »Festung Europa« auszubauen. Die Kreter wurden zur Zwangsarbeit kommandiert. Um die Insel im Ernstfall verteidigen zu können, brauchten die Besatzer ein »befriedetes« Kreta. Doch ebendies gelang nicht. Und wen sollte das auch wundern? Geiselnahme und Geiselerschießung gehörten zu den am häufigsten angewendeten Terrormethoden der Deutschen. In jeder besetzten Ortschaft wurden Geisellisten angelegt. Als im Juni 1942 britische Agenten gemeinsam mit kretischen Widerstandsgruppen eine erste Sabotageaktion unternahmen, erschossen die Deutschen fünfzig angesehene Bürger Kretas, darunter den ehemaligen Gouverneur der Insel und den früheren Bürgermeister von Iraklion.

Gewiss, es gibt ehemalige deutsche Besatzungssoldaten, die sich an die Gastfreundschaft der Kreter erinnern. Aber Gastfreundschaft gewähren die Kreter auch dem Feind; sie beschützen den, der mit ihnen gegessen und getrunken hat, bis er das Dorf wieder verlässt. Einzig die Art, wie sie ihm das Brot auf den Teller legen, lässt den Fremden erkennen – wenn er denn die Sitte überhaupt kennt –, ob er willkommen ist oder nicht.

In Friedenszeiten konnte sich Kreta selbst ernähren. Während der Besatzungszeit aber hatte die Landwirtschaft auch für die ausländischen Soldaten zu sorgen. Mehr noch: Deutsche und Italiener transportierten Olivenöl ab, Rosinen, Kartoffeln, Früchte. Alles Schlachtvieh, Rinder und Schweine, war an die Deutschen abzuliefern. Die Kreter, vor allem in den Städten, mussten deshalb oft bitteren Hunger leiden.

Mit den deutschen Niederlagen des Jahres 1943 und mit der Kapitulation der Italiener nahm der Widerstand der Kreter zu. Unterstützt wurden sie dabei von britischen Agenten, die bei Nacht an der Südküste landeten. Anordnungen der Besatzungsmacht wurden nur schleppend erfüllt, die Ablieferung von Lebensmitteln musste häufig erzwungen werden. Immer wieder wurden Telefonleitungen durchgeschnitten. Die Andarten, bereits 1941 gegründete organisierte Widerstandsgruppen, verübten Anschläge auf Posten und Versorgungsanlagen; 1943 nahmen sie erstmals deutsche Soldaten gefangen. Aktionen und Reaktionen wurden immer härter.

Im August 1943 zerstörten die Deutschen an der Südküste mit Jagdbombern drei Dörfer und erschossen Frauen und Kinder. Die Bauern schnitzten Kreuze in die Haustüren: für jeden von den Besetzern getöteten Familienangehörigen.

1944 gelang es einem Andartenkommando, den deutschen Kommandeur der Festung Kreta, General Kneipe, zu entführen und nach Ägypten zu bringen.

Im September desselben Jahres räumten die deutschen Truppen den Ostteil Kretas. Nacht für Nacht flogen hundert Ju 52 die Soldaten zum griechischen Festland. Das Kriegsmaterial wurde nach Chania gebracht, wo zwischen Soudabucht und Maleme die sogenannte »Kernfestung Kreta« entstand. Der Rückzug der Deutschen wurde weder von den Andarten noch von den Briten gestört. Bereits seit längerer Zeit hatte es Kontakte der deutschen Besatzung mit der nationalen Andartenorganisation EOK gegeben.

Nun erhielten die EOK-Partisanen Waffen und Munition – einerseits wohl als Preis für einen ungestörten Rückzug, zum anderen, um die EOK gegen die ELAS zu stärken, die zweite, die kommunistische Andartenorganisation. Fast 12 000 deutsche Soldaten blieben in der »Kernfestung«. Am 12. November griffen sie das Hauptquartier der ELAS in Panaghia an und erlitten dabei schwere Verluste. Zur Vergeltung wurden acht Dörfer niedergebrannt, wurden wieder Menschen hingerichtet. Am 8. Mai 1945 fing die Festung einen Funkspruch über die bedingungslose Kapitulation Deutschlands auf. Am Tag darauf flog General Benthack nach Iraklion und unterzeichnete in der Villa Ariadne den Waffenstillstand mit den Briten.

Da die Briten befürchteten, dass die Waffen der Wehrmacht in die Hände der Kreter fallen könnten, mussten die Deutschen ihre Gewehre zunächst behalten. Am 11. Mai sollte die »Kernfestung« von britischen Truppen übernommen werden. Doch noch davor kam ein englischer Funkspruch: Die Briten waren auf dem Weg nach Chania von Andarten der ELAS angegriffen worden. General Benthack schickte eine Panzerabteilung los, um den Briten gegen die Kreter zu helfen. Es war der Beginn einer grotesken Zusammenarbeit der Briten mit ihrem bisherigen Feind gegen den eigenen Verbündeten.

Vor und auch hinter den englischen Generalswagen fuhr jeweils ein deutscher Panzer. Und noch im Juni 1945 bekämpften deutsche Soldaten Andartengruppen der ELAS und verhafteten im Auftrag der Briten kretische Befreiungskämpfer. Im Juli 1945 verließen die letzten deutschen Soldaten Kreta; sie kamen in britische Kriegsgefangenschaft nach Ägypten.

3474 Kreter sind während der deutschen Besatzungszeit erschossen worden. Dreiundsechzig waren es in Malathiros, wo vierundsechzig vor dem Hinrichtungskommando gestanden hatten.

Einer überlebte. Er ist Pfarrer geworden. Eine der Kugeln steckt noch in seinem Körper.

Heimkehr aus der Verbannung

Mikis Theodorakis

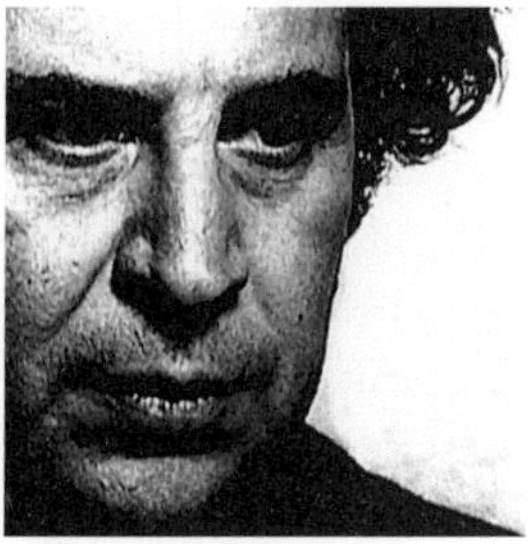

Mensch, Bruder, wie siehst du aus?

Wie seh ich denn aus, Giorgos?

Was weiß ich. Sehr abgemagert. Und warum diese Krücken?

Ich erzählte ihm alles, weil ich ihn beruhigen wollte. Fragte ihn nach Mirto. Er wusste nichts. Hatte sie vor Jahren das letzte Mal gesehen.

Komm zu mir nach Hause …

Nein, danke. Vielleicht kommt sie hier vorbei.

Komm morgen.

Ich fahre nach Kreta. Später …

Er ging weg, nachdenklich und traurig. Kurz darauf trat Evgenia, eine Kommilitonin und Freundin von Mirto, in den Univorraum. Sie erkannte mich nicht. Ich beschloss, sie anzusprechen. Da schaute sie zu mir herüber und bemerkte mich plötzlich doch.

Ich hole sie schnell! Sie hat Praktikum in der Pathologie.

Ich beobachtete sie, wie sie eilig in Richtung Sinas-Straße lief. Die nächsten zehn Minuten waren die längsten in meinem Leben. Die Zeit wollte nicht vergehen.

Da kam Mirto. Aus Fleisch und Blut und mit jenem feinen, eiligen, kaum wahrnehmbaren Lächeln auf den Lippen und ihrem trunkenen Blick. Ich log, dass ich im Zentrum für Frontankömmlinge untergebracht sei und am nächsten Morgen nach Kreta fahren würde. Wir saßen so stundenlang auf der Bank, doch nicht einmal unsere Finger berührten sich. Sie ging, und ich blieb allein zurück. Ich schloss die Augen, um ihr Bild festzuhalten, es nicht vergehen zu lassen. Der Wärter schubste mich.

Wach auf! Ich schließe die Türen.

Um nicht auf den Straßen aufzufallen, nahm ich den Weg zur Akademie, ging die Sinas-Straße hinab und schwenkte vor den Bushaltestellen in Richtung Nea Smirni nach rechts in den Park. Ich suchte mir einen Busch und legte mich auf die warme Erde. Ich hatte Hunger und Durst und stellte mir darum fließendes Wasser und Leckerbissen vor, bis ich einschlief. Morgens ging ich auf die Panepistimiou-Straße, die noch menschenleer war. Auf dem Omonia-Platz kaufte ich ein Brötchen, Käse und ein Mineralwasser. Das richtete mich auf.

Unter Schwierigkeiten ging ich die Treppen hinab und nahm die Bahn nach Piräus. Das Schiff sollte abends auslaufen. Ich wählte einen Platz auf ein paar leeren Käfigen und beobachtete von dort, was sich im Hafen tat. Als die Sonne im Zenit stand, suchte ich nach einem billigen Imbissladen. Die Bohnensuppe kostete zweitausend Drachmen. Dann noch etwas Käse, Brot, Zuckermelone. Ich hatte nur noch einen Tausender in der Tasche. Ich ging zum Schiff Eleni, das seitlich den gesamten Kai vor der Uhr eingenommen hatte. Ein alter, dreckiger Dampfer mit grauem Schornstein. Trotzdem geheimnisvoll und schön wie alle Schiffe. Bei der Kontrolle Beamte des Hafenamtes, Polizei, Sicherheitspolizei. Ich holte meinen »Begleitschein« heraus. Als der ranghöchste Beamte ihn las, wurde er rot vor Wut und hätte mich am liebsten erwürgt.

Warte an der Seite, schrie er verächtlich, als spräche er mit einem Hund.

Er gab den anderen Bescheid, die mich wutentbrannt ansahen. Ich bekam es mit der Angst zu tun und musste nun neben der Schiffsleiter warten, um zu sehen, was passieren würde. Inzwischen stiegen die ersten Passagiere aufs Schiff. Die meisten Bauern, mit Körben und Paketen. Aber auch genug Jugendliche, Studenten und Studentinnen, die voller Freude in Freundeskreisen zu den Ihren unterwegs waren. Ständig auch Soldaten, auf Heimaturlaub, entlassen oder verwundet. Letztere tatsächlich durch Kugeln der Kommunisten.

Wenn ein Schwerverwundeter gebracht wurde – mit nur einer Hand oder einem Bein –, drehten sich die Polizisten zu mir um und sahen mich drohend an, als wäre ich persönlich dafür verantwortlich. Ab und zu machte einer von ihnen eine Handbewegung, als wolle er mir bedeuten, dass sie mich bald zur Sau machen würden …

Der Erzengel Michail, der mich in einer solch schlimmen Lage sah – denn es war in jedem Falle ungerecht –, veranlasste, dass plötzlich vor der Schiffsleiter ein Militärjeep hielt. Der Begleitsoldat, gerade wie ein Stock, grüßte den mit langsamen Bewegungen aussteigenden General. Mein Gott, dachte ich, das ist ja Onkel Tsekouras! Der Mitschüler meines Vaters, den wir zwei Jahre lang in unserem Haus in Tripolis beherbergten, als er, völlig zerlumpt, von der albanischen Front kam. Ein Freund der Familie, fast ein Verwandter.

Herr Tsekouras! Herr Tsekouras!

Vor mir bildeten die Polizisten, in Habachtstellung, eine Wand.

Wer ruft da?, fragte der General.

Ich, Herr Tsekouras. Mikis.

Mikis? Er durchbrach die Mauer, um mich zu sehen. Tatsächlich! Was machst du hier?

Ich besitze einen Begleitschein. Ich bin entlassen und nach Galatas unterwegs. Aber der Herr Hauptmann hat meine Papiere einbehalten.

Warum das?, fragte er den Offizier.

Aber, mein General, das ist doch ein Makronissiote! Sehen Sie selbst, und er zeigte ihm die Papiere.

Der General, der die großen Schlachten des Bürgerkriegs mitgemacht hatte, warf einen Blick in die Papiere und sagte dann mit der Gewichtigkeit seines Ranges und der Orden an seiner Brust: Das, was Sie gemacht haben, ist gegen das Gesetz. Der Begleitschein des Soldaten ist völlig in Ordnung. Ich bin gezwungen, Sie zu melden. Ihre Angaben, bitte!

Dann wandte er sich zu mir und befahl im strengen Ton, ohne die Erregung in der Stimme ganz unterdrücken zu können: Nimm deine Papiere und steig aufs Schiff! Ich sehe dich bald.

Die Matrosen vom Schiff, die die Szene beobachtet hatten, halfen mir die Schiffsleiter hinauf und sahen mich voller Sympathie an. Einer nahm die Krücken, und ein anderer stützte mich. So zeigten sie, auf welcher Seite sie standen. Kaum hatte ich das Deck erreicht, schaute ich, wo es zur ersten Klasse ging, um auf den General zu warten. Mit einem bitteren Lächeln auf den Lippen darüber, dass er sich auf der einen und ich mich auf der anderen Seite befand, wo wir doch vor einigen Jahren vom gleichen Tisch gegessen, unter dem gleichen Dach geschlafen hatten, nahm er meine Hand heimlich in seine und streichelte sie voller väterlicher Liebe.

Sag, wirst du dein Leben lang ein Krüppel bleiben? Ich denke an deine arme Mutter und an Giorgos, der ein so schwaches Herz hat. Warum hast du ihnen das angetan? Seine Augen wurden feucht. Ich kann jetzt nichts weiter für dich tun. Brauchst du Geld?

Während er in seinen Taschen kramte, sagte ich: Ich danke Ihnen … Ich habe genügend Geld. Sie haben mir das Leben gerettet, wissen Sie …

Wenn ich könnte, würde ich dich umbringen, schimpfte er mit mir, um diese so unerwartete Begegnung zu beenden, die ihn in eine schwierige Situation brachte.

Der Sohn seines besten Freundes ein Verbrecher, ein Feind der Heimat … Unbegreiflich. Ohne ein weiteres Wort trat er über die Schwelle und verschwand hinter den anderen Passagieren.

Ich ging, voller Melancholie. Ich wollte die Nacht am Bug verbringen, um am Morgen sofort Kreta zu sehen. Ich fand einige Bündel von Seilen genau unter der Kapitänsbrücke. Ich kletterte hoch und richtete mich ein. Vor mir das Deck hin zur Bugspitze. Die Matrosen ließen noch niemanden hinauf, weil der Anker eingeholt werden musste. Sie standen vor mir, der großen Hitze wegen mit nacktem Oberkörper, und warteten auf den Pfiff des Kapitäns, um die Maschine anzulassen. Andere arbeiteten gebückt an der linken Reling und riefen zum Kai hinüber, die Seile loszubinden. Wir legten ab.

Mit dem Pfiff des Kapitäns setzte sich das Getriebe in Bewegung und zog den Anker an einer Winde herauf. Das Schiff trieb sacht nach rechts. Dann liefen die Schiffsmaschinen mit langsamer Kraft. Schon ihr Klang verriet, dass es das älteste und langsamste Schiff der griechischen Flotte war. Als die Matrosen weggingen, kamen die ersten Passagiere. Die Witterung war mild. Doch als wir das Mirtoische Meer passierten, schlug uns der magische kristalline Wind des Ozeans entgegen. Die alten Knochen des Schiffes begannen zu knarren. Wir hatten die letzten Inseln des Saronischen Golfes hinter uns gelassen. Jetzt war nichts weiter zu sehen als Himmel und Wasser. Ich hatte Hunger und fror, fühlte mich aber wunderbar. Auf dem Meer fühle ich mich immer wunderbar.

Da kamen nacheinander kleine Gruppen von jungen Männern und Frauen, die gerade gegessen und getrunken hatten und voller Frohsinn waren. Sie lachten und erzählten Witze. Sie sprachen alle durcheinander, und das Deck füllte sich mit dem gelungenen kretischen Dialekt. Es beeindruckte mich, dass so schöne und moderne Mädchen eine solch derbe bäuerliche Aussprache hatten. Sie waren echte Kreter geblieben und noch nicht vom Athener Leben assimiliert worden.

Hinter jedem ihrer Worte verbarg sich ein erotisches Spiel. Bedeutungsvolle Witze und Neckereien. Vielleicht macht das Klima auf Kreta die Frauen so feminin. Im Mondlicht guckte ich mir die Augen aus nach den Silhouetten der Mädchen, die sich voller Charme bewegten, während sie auf die Anspielungen der Jungs antworteten. Manchmal kamen sie in meine Nähe. Flüchtige Blicke. Wer achtete aber schon auf einen Soldaten, wahrlich ein Wrack, der wie ein Frosch in einem Bündel von Seilen saß, ohne sich zu rühren? Den Blick einer Schönen und dann sterben, dachte ich. Aber sosehr ich auch stierte, keine sah mich an. So drehte ich mich nach einiger Zeit um und blickte auf Thalassa – unendliches Silber –, die mich, das wusste ich, liebte.

Die Jugendlichen begannen, Mantinaden zu singen. Da tauchte auch ein Kreter in Pumphosen auf, der auf seiner Laute einen Syrtos Chaniotikos spielte. Alle tanzten. Keiner verspürte bei einem solchen Mond und bei einem solchen Wetter die geringste Lust zu schlafen. Der Himmel begann sich langsam aufzuhellen. Noch vor Tagesanbruch sah ich vor uns ein Stück Berg, hellweiß, in den Himmel ragen. Das Weiße Gebirge, rief jemand, und alle rannten zur Reling. Da stand ich auf und ging hinkend nach vorn, noch vor den anderen.

Vor mir Kreta – hinter mir die ganze Welt. Ich reckte mich, richtete mich auf. Jetzt wurde ich wieder zum »Schiffslenker«. Diesmal steuerte ich das morsche Schiff ins Land meiner Vorfahren. Da achteten die Mädchen auf mich. Ich spürte ihre Blicke in meinem Rücken. Aber jetzt war es viel zu spät. Kreta beherrschte mich jeden Augenblick mehr. Was würde diese Begegnung bringen?

Eine Stunde war vergangen, seit wir den verschneiten Berg gesehen hatten, seit die Insel plötzlich aus dem Meer aufgestiegen war. Ich spürte eine tiefe Erregung in mir, eine Krise. Ich zitterte am ganzen Leib, mich an der Reling festhaltend, um nicht zu Boden zu stürzen, nicht zu zeigen, dass ich krank war, nicht nur äußerlich, sondern verwundet, tief in meiner Seele.

Ein Soldat kam und umarmte mich. Er sagte nichts. Er hielt mich nur fest, als wollte er die Spasmen zähmen. Er wusste, dass ich mich schämte, und wollte mir helfen, nicht aufzufallen. Denn in jenem Augenblick hatten sich alle Passagiere dort vorne versammelt, auf den Brücken und Decks, um Kreta zu sehen.

In die Bucht von Suda glitt das Schiff wie auf Glas. Nach einiger Zeit, denn die Bucht war sehr tief, war der Kai zu sehen. Davor viele Schiffe, halb versunken während der Bombardements im Krieg. Ich dachte, dass ich warten solle, bis alle anderen das Schiff verlassen würden, um bösen Begegnungen aus dem Weg zu gehen. Auf dem Kai viele Menschen. Militärs, Gendarmen, Leute vom Hafenamt. Militärwagen und Jeeps. Ein paar Offiziere, die sicherlich den General erwarteten.

An die Reling gelehnt, hielt ich Ausschau nach den Meinen. Nichts. Der General verließ das Schiff und wurde begrüßt. Die ersten Jeeps verließen den Hafen. Die Militärpolizei kontrollierte am Ende der Schiffsleiter die Papiere der Soldaten. Wie tragisch, dass ich kein Geld hatte, ein Hemd und eine Hose zu kaufen. Da bemerkte ich, dass die Militärpolizei alle Jugendlichen überprüfte. Um eventuelle Deserteure oder Dienstverweigerer aufzuspüren. Wir befanden uns immerhin im Krieg. Ich hatte jedenfalls richtige Papiere bei mir, versuchte ich mich zu beruhigen. Nur wenn ich einem fanatischen Nationalisten in die Hände fiele, der aus den Papieren erkannte, dass ich aus Makronissos entlassen worden war, wäre ich verloren. Darum sollte ich lieber warten, bis meine Familie auftauchte.

In jenem Augenblick fielen Schüsse, und es waren Stimmen zu hören, die aus Richtung Suda kamen. Alle Militärpolizisten und Gendarmen rissen ihre Waffen hoch und rannten dorthin.

Im ersten Moment dachte ich an einen Überfall der Partisanen, die im Gebirge Kretas operierten. Die Schüsse wurden immer dichter und brachen plötzlich wieder ab. Am anderen Tag stand in der Zeitung, dass drei Männer, Mitglieder der Familie Psilakis, mit Maschinenpistolen bewaffnet, in Suda den verwundeten Soldaten Michail Theodorakis umgebracht hatten, als dieser, nachdem er drei Jahre gekämpft und ein Bein verloren hatte, mit dem Schiff Eleni in seine Heimat Kreta zurückkehren wollte. Das war eine der letzten Episoden der Blutfehde zwischen den Familien Theodorakis und Psilakis, die drei Jahre lang gewährt und Dutzende Opfer auf beiden Seiten gefordert hatte: Tote, Verwundete und Inhaftierte. Diese Blutfehde war auf den Bergen im Bezirk Rethimnon ausgelöst worden, als ein junger Theodorakis aus Versehen den Ziegenbock der Psilakis erschoss.

Wie hatten sie erfahren, dass sich ein Theodorakis, der auch noch den Vornamen Michail – wie ich – hatte, auf dem Schiff nach Suda befand? Hätten sie gewusst, dass sich zwei Michails auf dem Schiff aufhielten, was hätten sie dann getan? Aber, sie warteten auf den anderen und lauerten ihm auf. Und brachten ihn um, wie einen Hund, vor den Füßen seiner Mutter. Und das alles für einen Ziegenbock! Als würden sie es tun, um dem Geist Dyonisos' zu huldigen.

Da sah ich sie sich mit schnellen Schritten dem Schiff nähern. Vorneweg Jannakis, mein Bruder, ein siebzehn Jahre junger Mann. Er hatte die Größe meines Vaters erreicht, der ihm folgte. Hinter ihnen Mutter Aspasia. Als sie mich an der Reling ausmachte, schrie sie lauthals: Mikis! Mein Junge! Unten, an der Schiffsleiter, stand keine Wache mehr. Alle waren weg. Jannakis rannte die Leiter hoch und umarmte mich.

Die Krücken darf Mutter nicht sehen. Sie kriegt sonst einen Herzinfarkt.

Was machen wir dann?

Mein Vater war inzwischen auch hochgeeilt. Er weinte und hatte zugleich jenes süße Lächeln, das ich so gut kannte. Er griff nach den Krücken und versteckte sie hinter dem Rücken, während mir mein Bruder den Rücken stützte. Auch ich umarmte ihn, und wir versuchten, so »normal« wie nur möglich die Schiffsleiter hinunterzugehen. Aspasia fiel in meine Arme. Sie hatte mich Jahre nicht gesehen. Sie schrie vor Rührung, sodass sie mich nach meinem Bein zu fragen vergaß.

Mikis hat sich seinen Fuß auf dem Schiff etwas verstaucht, sagte mein Vater zu ihr.

Alle vier, ineinander verhakt, durchschritten wir die Mole und passierten die Hafenumzäunung. Dort erwartete uns das einzige Taxi des Dorfes, groß, amerikanisch und kurz vor dem Auseinanderfallen. Es sprang mit großem Getöse an und jagte über die Straße nach Chania.

Vor dem Tor des Paradieses

Nikos Kazantzakis

Ich war müde geworden; ich war nämlich jung, und die Unersättlichkeit der Jugend ist schwer, sie will die Grenzen des Menschen nicht anerkennen, sie verlangt viel, sie vermag wenig, ich rang, um alles zu erreichen, doch ich war des Kampfes müde geworden. Ich kehrte zur väterlichen Erde zurück, um ihre Berge wiederzusehen, die alten Kämpfer, mit ihrem großen schief sitzenden Fez, ihrem breiten Lachen, und sie wieder über Freiheit und Kämpfe reden zu hören, die urväterliche Erde zu betreten und um selber Kraft zu gewinnen.

»Woher kommst du?«, fragte mich mein Vater.

»Von weit her«, antwortete ich und sagte kein Sterbenswort über mein Abenteuer auf dem Berg Sinai, wo ich Mönch hatte werden wollen.

Es war das zweite Mal, dass mein Versuch, ein Heiliger zu werden, misslungen war. Das erste Mal war ich ein Kind gewesen, als ich zum Hafen hinunterging und einen Schiffsherrn bat, der gerade den Anker lichtete, mich zum Heiligen Berg zu bringen, damit ich Mönch werde. Der Schiffsherr brach in Lachen aus. »Nach Haus mit dir! Nach Haus!«, rief er mir zu und klatschte in die Hände, als sei ich ein Küken, das er verjagen wollte. Und jetzt wiederum. »Kehre in die Welt zurück«, hatte mir Pater Joachim zugerufen. »Sie ist das wirkliche Kloster; in ihr wirst du heilig werden.«

Ich kehrte auf den väterlichen Boden zurück, um neuen Auftrieb zu bekommen. Ich sah mich um, fuhr auf die Dörfer, aß, trank mit Hirten und Bauern, schämte mich bei der Feststellung, wie sehr dieses Kreta, das unaufhörlich entweder mit Regengüssen oder mit Trockenheit, mit Armut, Krankheit oder dem Türken zu kämpfen hatte, eine Anklage war gegen das faule, unnütze Klosterleben. Und ich wollte gegen seinen Willen handeln, es verraten und Mönch werden! Pater Joachim hatte recht; die Welt ist unser Kloster, ein wahrer Mönch ist der, der mit den Menschen zusammenlebt und mit Gott auf dem Boden der Wirklichkeit zusammenarbeitet; Gott ist hier auf der Erde unser Mitkämpfer. Einsamkeit ist nicht mehr der richtige Ort für den Kämpfer, und das wahre Gebet, das geradewegs in Gottes Haus eindringt, ist die tapfere Tat. So betet heute der wirkliche Kämpfer.

Ein Kreter sagte zu mir: »Wenn du vor dem Tor des Paradieses erscheinst und es öffnet sich nicht, so greife nicht nach dem Türklopfer, um anzuklopfen. Nimm dein Gewehr von der Schulter und gib einen Schuss ab.«

»Glaubst du denn, Gott wird sich fürchten und aufmachen?«, fragte ich.

»Ach nein, er wird sich nicht fürchten. Doch er wird öffnen, weil er sofort merken wird, dass er einen Kämpfer vor sich hat.«

Ich habe niemals von Gebildeten so tiefsinnige Worte gehört wie von Bauern und alten Leuten, die das Kämpfen aufgegeben und deren Leidenschaften sich gelegt hatten, sodass sie jetzt, vor der Schwelle des Todes, einen friedlichen, zärtlichen Blick in die vergangene Zeit werfen konnten.

Eines Mittags begegnete ich einem alten dürren, hageren Mann mit weißem Haar, geflickter Pumphose, abgetretenen Stiefeln, der seinen Stock nach der Gewohnheit der kretischen

Hirten unter beide Achselhöhlen geklemmt hatte; er stieg langsam von Stein zu Stein den Berg hinauf, auf dem ich stand, und immer wieder blieb er stehen, blickte lange Zeit die umliegenden Berge an und hinunter in die Ebene und durch eine Schlucht hindurch auf einen Meeresstreifen.

»Gute Zeit, Großvater!«, rief ich ihm von Weitem zu. »Was suchst du hier so allein?«

»Ich nehme Abschied, mein Sohn, ich verabschiede mich …«

»Von wem nimmst du Abschied in der Einsamkeit, ich sehe niemanden.«

Der alte Mann wurde zornig; er warf den Kopf empor: »Was für Einsamkeit? Siehst du denn nicht die Berge, das Meer, wozu hat Gott uns Augen gegeben? Hörst du nicht die Vögel, wozu hat Gott uns Ohren gegeben? Das nennst du Einsamkeit? Das sind meine Freunde; ich rede zu ihnen, und sie reden zu mir. Ich rufe sie, und sie antworten. Zwei Generationen weilte ich unter ihnen als Hirt, jetzt ist die Stunde gekommen, da wir uns trennen sollen … Es ist Abend geworden …«

Ich glaubte, seine Augen seien vom Alter getrübt: »Aber es ist doch erst Mittag, Großvater, nicht Abend.«

Er schüttelte den Kopf. »Ich weiß, was ich sage; es ist Abend geworden … Leb wohl!«

»Du wirst sogar den Tod bezwingen, Großvater«, sagte ich, um ihm Mut zu machen.

Er lachte. »Ich habe ihn schon bezwungen, mein Junge«, antwortete er, »ich habe ihn bezwungen, den Schändlichen, weil ich ihn nicht fürchte. Leb wohl! Mögest auch du ihn bezwingen, mein Jüngelchen, meinen Segen sollst du haben.«

Ich mochte ihn nicht so einfach gehen lassen.

»Schenk mir deinen Namen, Großvater, dass ich dich in Erinnerung behalte.«

»Hier, bück dich und frage irgendeinen Stein, er wird dir sagen, das ist der alte Manussos aus dem Kavro-Dorf. Nun ist es aber genug, entschuldige. Ich habe es eilig. Geh mit Gottes Segen.«

Der alte Bergbewohner begann, weiter hinaufzusteigen, stolpernd, weil er nicht mehr gut sehen konnte.

Wirklich, wir können den Tod nicht bezwingen, aber die Furcht vor dem Tod können wir bezwingen. Der alte Bergbewohner erwartete den Tod im Frieden. Die Berge hatten ihm die Seele gestärkt. Er ließ sich nicht herab, vor dem Tod in die Knie zu sinken, nur eine Frist erbat er von ihm, einige Tage, um sich noch von seinen alten Gefährten verabschieden zu können – der frischen Luft, dem Thymian, den Steinen.

Aber unten, in der fruchtbaren Ebene von Messara, in der Nähe von Phaistos, sah ich eines Tages einen anderen alten Mann, der vor der Schwelle seiner Hütte saß und sich sonnte. Hundert Jahre alt war er, seine Augen waren rot wie zwei Wunden, seine Nase tropfte, aus seinem Mund lief der Speichel, und er roch nach Tabak und Urin.

Ein Enkel von ihm hatte mir bei meiner Ankunft von seinem Großvater gesprochen und lachte dabei. Er sagte, der Alte sei kindisch geworden, er sitze jeden Abend am Dorfbrunnen und warte auf die Mädchen, die kommen, ihre Krüge zu füllen. Er hört ihre Holzpantinen klappern und reckt den Hals. Er ist halb blind, er kann sie nicht unterscheiden, er streckt die Arme aus: »Wer bist denn du, Mädchen?«, ruft er. »Komm, Kind, meinen Segen sollst du haben, tritt näher, dass ich dich sehen kann.« Das Mädchen lacht, tritt näher; und der Alte streichelt hastig das Gesicht des Mädchens, befühlt gierig Nase, Mund, Kinn, will zum Hals hinunter, doch das Mädchen stößt einen Schrei aus und flieht, in Lachen ausbrechend. Die Hand des Alten bleibt ausgestreckt, er seufzt.

»Du musst ihn hören«, sagte mir sein Enkel, »du musst ihn hören, wie er stöhnt, wie ein Stier. Eines Tages fragte ich ihn: »Warum seufzt du so, Großvater, was hast du?« – »Was soll ich haben«, sagte er mir, und seine Tränen flossen, »hast du denn keine Augen im Kopf? Ich steige in die Erde hinab und lasse so schöne Mädchen zurück ... Ach, wäre ich ein König, ließe ich alle töten, um sie mit mir zu nehmen!« Wehmut ergreift ihn dann, und er beginnt, leise eine Mantinade zu singen, immer dieselbe: »Ach, wenn alles Vergangene, ach, wenn alles Verjährte, und sei es nur für einen Tag im Jahr, wiederkehrte!«

Ich hörte seinen Enkel zu mir sprechen und konnte es nicht abwarten, die hundertjährige Eiche zu bewundern; man zeigte mir sein Häuschen, ich sah ihn in der Sonne sitzen und näherte mich ihm. »He, Großvater«, rief ich, »ich höre, du bist hundert Jahre alt; sag mir, wie ist dir das Leben vorgekommen?«

Er hob die geröteten, wimpernlosen Augen auf. »Wie ein Glas kaltes Wasser, mein Junge.«

»Und dich dürstet immer noch, Großvater?«

Er reckte die Hand wie zum Fluche: »Verflucht sei der, der seinen Durst gestillt hat!«, sagte er.

Drei Tage lang blieb ich in einem Kloster über dem Libyschen Meer. Immer habe ich Gefallen am anachronistischen Klosterleben gehabt, an seinem altertümlichen Rhythmus, seinen Mönchen mit den listigen oder schläfrigen Augen, den rundlichen oder hohlen Bäuchen, den groben Riesenhänden, die die Baumschere, die Hacke oder den heiligen Kelch zu halten vermögen. Mir gefiel der Weihrauchduft, der Singsang in der Kirche im Morgengrauen und anschließend das Starten zur großen Krippe, dem Essraum, in dem es säuerlich und nach ranzigem Öl roch. Und abends die leisen Gespräche auf der Klosterterrasse, die Pausen schweren Schweigens dazwischen, in das sich der ferne Widerhall der Welt drängte. Von Christus sprachen wir selten; es schien, als sei er, der strenge Herr, nicht zugegen, er war gen Himmel gefahren, hatte seine Diener in seiner Burg allein gelassen, und diese öffneten schamlos die Vorratsräume, stiegen in die Weinkeller hinunter, legten sich in die weichen Betten, kurzum, die Katze war abwesend, und nun tanzten die Mäuse. Wehe, wenn er plötzlich auf der Schwelle erschiene, wie würden die Tische umgeworfen werden und die Soutane tragenden Zecher aufschreien und wie würde der Bogen des Herrn schwirren!

Eines Tages, während ich auf der Klosterterrasse mit einem Mönch beisammensaß, brachte ich das Gespräch auf den heiligen Franz von Assisi, den ich sehr liebe. Er hörte zum ersten Mal den Namen; denn Franziskus war ein römisch-katholischer Heiliger, also ein Häretiker; der Mönch verzog sein Gesicht; doch die griechische Neugier siegte: »Nun gut, erzähl mir von ihm«, sagte er und faltete die Hände über seinem Bauch, bereit zu verdammen, was ich auch sagen würde.

»Dieser Heilige also«, begann ich, »sagte in seinem Gebet zu Gott: ›Wie kann ich mich, Herr, über das Paradies freuen, da ich weiß, dass es eine Hölle gibt? Mein Gott, entweder erbarme dich der Verdammten und führe sie auch ins Paradies, oder lass mich in die Hölle hinab, dass ich sie tröste. Ich werde einen Orden gründen, und unser Ziel wird sein, in die Hölle hinabzusteigen, um die Verdammten zu trösten; und wenn wir ihr Leid nicht erleichtern können, werden wir in der Hölle bleiben, um mit ihnen zu leiden.‹«

Der Mönch brach in Gelächter aus. »Ich werde dir auch ein Märchen erzählen«, sagte er. »Einmal lud ein Pascha einen armen Mann zum Essen ein. Er stellte vor ihn einen Teller mit Oliven und einen Teller mit Kaviar; der arme Mann beachtete die Oliven überhaupt nicht, sondern aß nur vom Kaviar. ›Iss auch Oliven, Gevatter‹, sagte der Pascha. – ›Der Kaviar ist auch gut, Efendi Pascha‹, antwortete der arme Mann. Hast du begriffen? Das Paradies ist der Kaviar; dein Freund Franzesco oder wie du ihn nennst, entschuldige, scheint ein dummer Frankenpfaff zu sein.«

Am Tage meiner Abfahrt war ich vor Beginn der Dämmerung zur Morgenandacht gegangen. Ich bebte vor Sehnsucht, diesen eintönigen melodischen Singsang der Mönche zur Ehre Gottes zu vernehmen, die leidenschaftlichen Worte der Zerknirschung, die von den Urgläubigen gefunden wurden, um Gott zur frühesten Morgenstunde, noch vor der Morgendämmerung, zu begrüßen: »Gott, mein Gott, an dich wende ich mich im Morgengrauen. Meine Seele dürstet nach dir, und wie viel mehr noch mein Fleisch in dieser einsamen, unzugänglichen, wasserlosen Gegend.« Ich stellte mich an einen Stehsitz neben dem Fenster, durch das ich unten fern das Libysche Meer erblickte, weiß schimmernd im morgendlichen Nebel, einsam, endlos, bis hinüber zu den warmen Sandbuchten Arabiens sich erstreckend ... Die Vögel waren mit den Mönchen erwacht und begannen, mit ihrem Singsang das Licht zu begrüßen. Der Wipfel der Zypresse inmitten des Hofes war schon erleuchtet, doch das Laub des Orangenbaumes daneben steckte noch in tiefgrüner Finsternis. Der Küster hatte seine Runde durch die Zellen beendet, hatte die Mönche geweckt, nahm jetzt beim Eintritt in die halbdunkle Kirche seine Mönchskappe ab und hängte neben die Tür die Stundentrommel; während er in der Türöffnung stand, fiel das Licht auf ihn, sein krauser, rabenschwarzer Bart und sein auf die Schultern herabfallendes Haar erglänzten. Er war groß, dunkelhäutig und strotzte von Jugend. Schade, dass es einem solchen kräftigen Mann nicht vom Schicksal gegeben war, eine Frau zu umarmen und Kinder zu bekommen; seine Söhne und Töchter hätten die Welt verschönt.

Während ich darüber nachdachte, was die Welt verliert, ohne dass Gott etwas gewinnt, erschien vor der Tür schüchtern eine Frau, in schwarzem Kopftuch, mit einem Säugling im Arm. Der Abt hatte mir gestern mit einem bedeutungsvollen Lächeln gesagt, ich solle mich nicht in Versuchung führen lassen, wenn am nächsten Tag eine Jungverheiratete aus einem benachbarten Dorf kommen werde, um den Segen für ihr Neugeborenes zu erbitten, damit es nicht der böse Blick treffe, denn es sei, so sagte sie, sehr hübsch und könnte leicht vom bösen Blick derjenigen, die zusammengewachsene Augenbrauen haben, getroffen werden.

Sie blieb neben der Tür stehen mit geneigtem Kopf und wartete, dass die Morgenandacht zu Ende gehe und dass der Abt mit seinem Weihwasserwedel zu ihr komme. Mir kam es vor, als habe sich auf einmal die Luft verändert, der schwere Atemgeruch der Mönche vermischte sich mit dem Atem der Frau, die Kirche schien mir nach Milch und dem Lorbeeröl des frisch gewaschenen Haars der Jungverheirateten zu riechen. Und die schläfrige Stimme des Abtes wurde lebhaft. Gerade in diesem Augenblick erklang die heitere Kirchenweise: »Der Herr ist Gott, der uns erleuchtet; gelobt sei, der da kommt im Namen des Herrn …« Die Mönche rückten hin und her an ihren Stehsitzen, wandten sich um, warfen einen schrägen Blick zur Tür, zwei, drei begannen zu hüsteln. Der Küster näherte sich der Frau, sagte ihr etwas ins Ohr, und sie, ohne den Kopf zu heben, tat zwei Schritte und lehnte sich an den letzten Stehsitz in der Nähe der Tür. Man spürte, die Seelen hatten ihre Ruhe verloren, und alle Mönche und ich mit ihnen waren nun ungeduldig, dass die Morgenandacht zu Ende gehe.

Die Sonne war aufgegangen, der Hof mit Licht erfüllt, schräge Strahlen drangen in die Kirche, die heiligen Ikonen, die Gesichter und die Hände der Mönche leuchteten auf; alle stiegen aus ihren Stehsitzen herab. »Gott sei gepriesen, Gott sei gepriesen«, seufzten sie, die Morgenandacht war beendet.

Der Abt legte seine Stola an, nahm den Weihwasserwedel, hinter ihm trug der Küster das Weihwassergefäß. Die Frau stellte sich an die Tür, wurde vom Licht überstrahlt. Sie hatte jetzt ihr schwarzes Kopftuch abgenommen, ihr Gesicht kam ganz zum Vorschein. Sie erhob die Augen, sah den Abt an, der begonnen hatte, das Gebet vorzusagen, und der seine Handfläche auf das Köpfchen des Kindes gelegt hatte; dann heftete sie ihre Blicke auf den Küster. Unsagbare Süße strahlten ihre Augen aus, große, schwarze, traurige Augen; ich dachte an die Augen der Madonna der Portaïtissa im Kloster Iberon; dieselbe Süße, dasselbe Herzbeben der Mutter um ihren Sohn.

Plötzlich begann das Kind zu strampeln und zu weinen; und die Mutter, um es zu beruhigen, knöpfte ihr Mieder auf, holte eine Brust hervor, das Kind nahm gierig die Brust und verstummte. Niemals wird dieser Augenblick aus meinem Gedächtnis entschwinden; der rundliche, schneeweiße Brustausschnitt der Jungverheirateten strahlte, die Luft duftete nun stärker nach Milch und leichtem Schweißgeruch. Hinter den Schultern der Frau erstreckte sich jetzt blau das Libysche Meer. Einen Augenblick lang hätte sich der Abt beinahe versprochen; doch dann siegte Gott in ihm, und er führte makellos das Gebet zu Ende.

Ich näherte mich im Hof dem Küster; der Versucher führte mich dazu, ihn anzusprechen, aber ich wusste nicht, was ich ihm sagen sollte … »Pater Nikodemos«, begann ich. Doch er beschleunigte den Schritt und verschwand in seiner Zelle. Eine Stunde später machte ich mich wieder auf den Weg, zu Fuß, wie ich es liebte.

Wie viele Jahre sind vergangen, vierzig, fünfzig, das Kloster ist aus meinem Gedächtnis ausgelöscht, und an seiner Stelle glänzt weiß, rundlich, unsterblich über dem Libyschen Meer die Brust der Mutter.

Am nächsten Tag überraschte mich der Abend in einem Dorf. Ich war hungrig, müde vom Gehen auf felsigem Weg; ich kannte niemanden im Dorf und wusste nicht einmal seinen Namen. Doch ich war unbesorgt; ich wusste, dass jede Tür, an die man in einem kretischen Dorf klopft, einem geöffnet wird;

der Tisch wird dem Gast zuliebe gedeckt, und er wird in den besten Bettlaken des Hauses schlafen. Der Fremde ist auf Kreta der unbekannte Gott; vor ihm öffnen sich alle Türen und Herzen.

Ich kam in dem Dorf an, es war schon Abend, die Türen waren verschlossen, in den Höfen witterten die Hunde den fremden Wanderer und begannen zu bellen. Wohin sollte ich mich wenden? An welche Tür klopfen? Dort, wo alle Fremden Zuflucht suchen, an die Tür des Pfarrers. Die Priester unserer Dörfer sind nicht gebildet, ihr Wissen ist nicht groß, sie können nicht über die Dogmen des Christentums theoretisieren. Doch Christus lebt in ihrem Herzen, und manchmal sehen sie ihn mit eigenen Augen entweder am Kissen eines verwundeten Kriegers oder im Frühling unter einem blühenden Mandelbaum sitzen.

Eine Tür wurde geöffnet, eine alte Frau erschien mit der Öllampe in der Hand, um zu sehen, wer der Fremde sei, der zu so später Stunde im Dorf ankam. Ich blieb stehen.

»Langes Leben! Gute Frau«, sagte ich sanft, um sie nicht zu erschrecken, »ich bin fremd, ich habe keine Unterkunft; tu mir den Gefallen und zeige mir das Haus des Pfarrers.«

»Mit Freuden, mein Junge, ich will dir auch leuchten, damit du nicht stolperst. Gott – gelobt sei er – gab dem einen die Erde, dem anderen die Steine. Uns sind die Steine zugefallen. Schau, wo du hintrittst, und folge mir.«

Sie ging mit der Öllampe voran, bog um die Ecke, blieb vor einer Bogentür stehen, über der eine Laterne hing.

»Hier ist das Haus des Pfarrers«, sagte sie.

Sie hob die Öllampe, ließ das Licht auf mein Gesicht fallen, seufzte; sie wollte etwas sagen, zögerte und schwieg.

»Ich danke dir, gute Frau«, sagte ich, »und verzeihe mir. Gute Nacht.«

Sie blickte mich an, blieb stehen. »Wenn es dir gut genug

ist«, sagte sie, »könntest du in meinem bescheidenen Haus übernachten.«

Doch ich klopfte schon an die Tür des Pfarrers. Ich hörte schwere Schritte im Hof, die Tür ging auf, ein alter Mann mit langem, auf die Schultern herabfallendem Haar und weißem Bart erschien. Ohne mich zu fragen, wer ich sei und was ich suche, streckte er mir die Hand entgegen.

»Sei willkommen! Bist du ein Fremder? Tritt ein.«

Ich trat ein, hörte Stimmengewirr, Türen auf- und zuklappen, einige Frauen schlüpften hastig ins Nebenzimmer und verschwanden. Der Pfarrer hieß mich mich auf das Sofa setzen.

»Du entschuldigst die Pfarrerin«, sagte er, »es ist ihr nicht wohl, ich werde für dich kochen, ich werde dir das Abendessen bereiten und dein Schlaflager zurechtmachen.«

Seine Stimme war schwer und traurig. Ich blickte ihn an. Er war sehr blass, seine Augen waren geschwollen und gerötet, als habe er geweint. Ich dachte an nichts Böses, aß, schlief, und morgens brachte mir der Pfarrer auf einem Tablett Brot, Käse und Milch. Ich gab ihm die Hand, dankte ihm und verabschiedete mich.

»Geh mit Gottes Segen, mein Sohn«, sagte er, »Christus mit dir!« Ich ging. Am Ende des Dorfes tauchte ein alter Mann auf, er legte die Hand auf die Brust, grüßte mich.

»Und wo hast du übernachtet, mein Junge?«, fragte er mich.

»Im Haus des Pfarrers, Alter«, antwortete ich.

Der Alte seufzte. »Ach, der Arme«, sagte er, »und du hast nichts gemerkt?«

»Was sollte ich merken?«

»Sein Sohn, sein einziger Sohn, ist gestern Morgen gestorben. Hast du nicht die Frauen gehört, die ihn beweinten?«

»Ich habe nichts gehört, Alter, nichts.«

»Sie haben ihn im Innern des Hauses aufgebahrt, und sie

beweinten ihn sicherlich leise, damit du es nicht hörst und dich grämst. Guten Weg!«

Meine Augen waren feucht geworden.

»Was weinst du?«, fragte der Alte staunend. »Du bist jung, du hast dich noch nicht an den Tod gewöhnt. Guten Weg!«

Kreta ist gut, doch nur, wenn man einen neuen Auftrieb bekommen will. Nach einigen Monaten hielt ich es nicht mehr aus. Die Straßen erschienen mir zu eng, das elterliche Haus zu klein, Basilikum und Stagetis im Hof verloren ihren Duft. Ich sah die alten Freunde, wie sie versorgt waren, und erschrak. Ich werde mich nie innerhalb von vier Wänden, in einem Büro, einschließen lassen, schwor ich mir, ich werde mich nicht mit dem »guten Leben« abfinden, niemals unterschreiben, dass ich mich der Notwendigkeit unterwerfe. Ich ging zum Hafen hinunter, blickte auf das Meer. Es erschien mir wie ein Tor zur Freiheit, das ich nur zu öffnen brauchte. Mein Vater sah mich schweigsam, ernst hin und her gehen und zog die Augenbrauen zusammen. Eines Tages hörte ich ihn zur Mutter sagen: »Was für ein Mensch ist dein Sohn? Welcher Wurm nagt an ihm? Er ergreift nicht das, was sein Arm erreichen kann; er trachtet nach fernen, immer fernen und unerreichbaren Dingen. Er meint es umgekehrt: Besser zehn Tauben auf dem Dach als eine in der Hand. Möge Gott mich Lügen strafen, doch unser Sohn gleicht den armen Irren, von denen die Märchen berichten, dass sie bis ans Ende der Welt pilgern, auf der Suche nach dem Wasser der Unsterblichkeit.«

Er konnte sich nicht damit abfinden. Er hatte erwartet, dass ich eine Rechtsanwaltpraxis eröffnen würde, dass ich der Pate vieler Kinder in den Dörfern werden und damit Freunde gewinnen würde, die mich als Abgeordneten wählen sollten, dass ich Artikel in der Lokalzeitung schreiben und vielleicht irgendein Manifest in Umlauf setzen würde, um die katastrophalen Zustände im Lande zu brandmarken und so die Notwendigkeit zu beweisen, dass neue Männer ans Ruder kommen müssten. Und eines Tages konnte er nicht mehr an sich halten: »Warum läufst du ohne Arbeit herum? Wann willst du endlich mit deiner Praxis beginnen?«

»Ich bin noch nicht fertig.«

»Was fehlt dir noch?«

Es fehlte mir nichts und doch alles; die Anmaßung und die Gier der Jugend setzten mir zu. In mir rumorten, und vielleicht tun sie es heute noch, die Asketen der Thebais mit ihrer Sehnsucht nach dem Absoluten und die großen Seefahrenden, die durch ihre Reisen die Erde vergrößerten. Ich fasste Mut.

»Ich bin noch nicht fertig«, wiederholte ich, »die Universität von Athen genügt nicht, ich muss weitere Studien betreiben.«

»Was soll das heißen?«

Ich zögerte. Mein Vater saß auf seinem gewohnten Platz auf dem Sofa neben dem Fenster, das zum Hof hinausging. Er drehte sich nervös eine Zigarette und sah mich nicht an. Es war Sonntagnachmittag, die Sonne schien durch das Fenster und erleuchtete das braune, strenge Gesicht, den buschigen Schnurrbart und eine Narbe – vielleicht vom Schwerthieb eines Türken – auf der Stirn.

»Was soll das heißen?«, wiederholte er und hob den Kopf, sah mich an. »Willst du immer noch weiterwandern?«

»Ja.«

»Wohin?«

Seine Stimme schien mir zu zittern.

»Nach Paris«, antwortete ich.

Mein Vater schwieg eine Weile. »Gut«, sagte er schließlich. »Du sollst deinen Willen haben.«

Ungehobelt und ungebildet war mein Vater, doch wenn es sich um mein geistiges Vorwärtskommen handelte, schlug er mir nichts ab. Einmal, als er guter Laune war, hörte ich ihn zu einem seiner Freunde sagen: »Auch das Letzte gäbe ich hin; die Rosinen-, die Wein-, die Ölernte, alles soll zu Papier und Tinte werden für meinen Sohn; ich habe Vertrauen!«

Er brachte jedes Opfer, als hänge er alle seine Hoffnungen an mich, damit ich mich erlöse, damit er sich erlöse, damit unser ganzes finsteres Geschlecht zusammen mit mir erlöst werde. Einmal – ich war noch ein Kind – hatte ich zu ihm gesagt, dass ich Hebräisch lernen möchte, um das Alte Testament im Urtext lesen zu können. Wir hatten im Großen Castell eine Synagoge. Er ließ den Rabbiner kommen, sie vereinbarten, dass er mir dreimal in der Woche Unterricht in Hebräisch gebe. Doch als es die Verwandten und Freunde erfuhren, stiegen ihnen die Haare zu Berge, sie eilten zu meinem Vater. »Was sind das für Sachen?«, schrien sie ihn an. »Dauert dich dein Kind nicht? Oder weißt du nicht, dass die, die Christus gekreuzigt haben, am Karfreitag die Christenkinder in einen Bottich mit Nägeln hineinstecken und ihr Blut trinken?« Ihr Geschrei und die Tränen meiner Mutter fielen meinem Vater auf die Nerven. »Wir haben unsere liebe Not mit ihnen«, sagte er mir eines Tages. »Lass das Hebräisch, und lerne es, wenn du groß bist.«

Wenn ich ihm sagte, dass ich eine fremde Sprache lernen möchte, antwortete er, »gut, du sollst sie lernen, unter der Bedingung, dass du ein wollenes Unterhemd anziehst.« Scheinbar war ich ein schmächtiges Kind und er um meine Gesundheit besorgt gewesen. So lernte ich, noch auf Kreta, drei fremde Sprachen und war gezwungen, drei wollene Unterhemden anzuziehen. Als ich nach Athen fuhr, um zu studieren, habe ich sie alle fortgeworfen.

»Gut, du sollst nach Paris gehen«, wiederholte er.

Ich konnte meine Freude nicht verhehlen, ich beugte mich nieder, um seine Hand zu ergreifen und sie zu küssen, doch er entzog sie mir. »Ich bin kein Pfarrer«, sagte er.

Am nächsten Tag küsste ich die Hand meiner Mutter, und sie gab mir ihren Segen und beschwor mich in Gottes Namen, nicht zur Frankenkirche überzutreten. Sie hängte mir ein Amulett mit Holzstückchen vom Heiligen Kreuz Christi um den Hals. »Mein Großvater«, sagte sie, »trug es im Krieg, und die Kugeln trafen ihn nicht.«

Mein Vater gab mir das Geleit bis zum Hafen. Bisweilen sah er mich von der Seite besorgt und neugierig an. Er konnte nicht begreifen, was für ein Mensch ich sei, was ich wollte, warum ich mich in der Welt herumtrieb, statt mich endgültig auf Kreta niederzulassen.

»Ich glaube, du gleichst deinem Großvater«, sagte er plötzlich, als wir schon in der Nähe des Hafens waren, »nicht dem Vater deiner Mutter, meinem Vater, dem Piraten.«

Er schwieg eine Weile. Und bald darauf: »Doch er kaperte durch wilden Angriff die Schiffe, tötete, plünderte, hortete Schätze; wo aber führst du deine Angriffe durch?«

Wir waren schon im Hafen angekommen; er drückte mir die Hand. »Nun, mach es gut, und pass auf dich auf!«, sagte er und schüttelte den Kopf, mit seinem einzigen Sohn höchst unzufrieden.

Wirklich, wo führe ich meine Angriffe durch?

Wo Zeus das Licht der Welt erblickte

Barry Unsworth

Wir beschlossen, Anfang Mai zu reisen. Die Badesachen packten wir zwar ein, rechneten aber eigentlich nicht damit, schwimmen zu können, denn um diese Jahreszeit ist das Meer noch zu kalt, zumindest für Leute, die nicht sehr abgehärtet sind. Ein Kreter wagt sich vor Juli kaum ins Wasser. Allerdings brennt die Sonne auch schon im Mai, weshalb man sie mit Vorsicht genießen sollte. Meine Frau Aira und ich hatten uns vorgenommen, ausgiebig zu wandern – Kreta ist eines der schönsten Wandergebiete, die ich kenne –, also standen Sonnenhüte, Sonnenbrillen und festes Schuhwerk ganz oben auf der Packliste.

Der Himmel wirkte mild und freundlich, als wir zur Landung ansetzten, der Landschaft unter uns jedoch fehlte alles Sanfte. Man blickt auf nackte, mit Geröll übersäte Felder, dazwischen freigeräumte Flecken in rötlichem Braun, fast schon Terrakotta, und in der Ferne erkennt man die Kette der Lefka Ori, der Weißen Berge, mit ihren schneebedeckten Gipfeln. Bereits bei der Landung umfing uns diese besondere Mischung aus bewegter Vergangenheit und leicht verwahrloster Gegenwart, die ein besonderes Kennzeichen dieser Insel zu sein scheint.

Für die Griechen späterer Zeiten war Kreta die verehrungswürdigste und älteste Kulturstätte überhaupt. Denn hier hatte alles angefangen. Die ersten Schafhirten waren Kreter, ebenso die ersten Bienenzüchter und Imker, die ersten Bogenschützen und Jäger. Bei Letzteren handelte es sich um die Kureten aus der griechischen Sage, die Söhne der Erde, die den jungen Zeus umsorgten. Da alles hier seinen Anfang genommen hatte, war Kreta auch die Geburtsstätte des Göttervaters Zeus.

Angeblich kam Zeus in einer Höhle hoch oben in den Dikti-Bergen zur Welt, in der Nähe des ostkretischen Dorfes Psychro am Südrand der Lassithi-Hochebene. Seine Mutter Rhea war hierher geflohen, um ihn heimlich zu gebären und so vor ihrem Gatten Kronos zu retten, dem Herrscher des Himmels. Diesem nämlich war vorhergesagt worden, dass einer seiner Söhne ihn stürzen werde, und deshalb verschlang er alle seine Nachkommen. Rhea präsentierte ihm statt seines Sohnes einen mit Windeln umwickelten Stein, und in seiner panischen Gier schlang Kronos ihn hinunter, ohne genauer hinzusehen. Nachdem Rhea in Kreta niedergekommen war, vertraute sie den Säugling der Obhut der Kureten an. Diese erfanden daraufhin den Waffentanz, bei dem sie mit ihren bronzenen Speeren gegen ihre Schilde schlugen, um das Schreien des Säuglings zu übertönen und zu verhindern, dass Kronos die Täuschung durchschaute, der er erlegen war, und auch diesen Sohn verschlang.

Auf Schriftsteller wie mich üben solche Geschichten einen starken Reiz aus. Ich siedle die Handlung meiner Romane oft in der Vergangenheit an, manchmal sogar in grauer Vorzeit. Das ist vermutlich eine Frage des Temperaments, aber für mich hat diese Distanz etwas Befreiendes, weil sie Abstand schafft zur unübersichtlichen Gegenwart und zu zufälligen Assoziationen, die meine Geschichte untergraben könnten. Außerdem ermöglicht sie es mir, Vergleiche mit dem anzustellen, was ich als die Realität der Gegenwart empfinde. Es findet also eine Art Verschmelzung statt, ein Ineinandergreifen von Vergangenheit und Gegenwart. Das ist wahrscheinlich einer der Gründe, weshalb mir Kreta, dieses für solche Verschmelzungen prototypische Land, von Anfang an sympathisch war.

Als wir zu Hause vor unserer Abreise einiges an Literatur über die Erforschung dieser abgelegenen Berghöhle lasen, bekamen wir eine Vorstellung von der Dramatik und Romantik der frühen archäologischen Ausgrabungen in Kreta. Sie begannen im ersten Frühjahr des 20. Jahrhunderts unter Leitung von D. G. Hogarth, dem damaligen Direktor der Britischen Schule in Athen, und wurden von Männern und Frauen durchgeführt, die von klassischer Bildung und leidenschaftlichem Entdeckergeist gleichermaßen durchdrungen waren. Über die Bergpässe führten damals keine Straßen, nur holprige Pfade. Die Arbeiter und ihre Ausrüstung – Steinhämmer, Stützbalken, Sprengstoff – mussten mit Maultieren transportiert werden. Leonard Cottrell zitiert ein Jahr später im *Monthly Review* aus Hogarths Bericht und gibt dessen ersten Eindruck von der Höhle und ihrem »bodenlosen Abgrund« auf der linken Seite wieder: »Zunächst bricht der Fels senkrecht ab, aber dort, wo das Licht schwächer wird, verläuft er schräg nach außen und fällt danach noch einmal 200 Fuß tief in pechschwarze Dunkelheit hinab. Wenn Sie sich so weit vorgetastet haben, sollten Sie stehen bleiben und ein helles Licht anzünden. Zu Ihren Füßen breitet sich ein eisiger Tümpel bis zu den Stalaktiten im Herzen des Berges aus.«

Die obere rechte Kammer der Höhle war schon mehrmals aufgebrochen und ausgeraubt worden, die untere, tiefer gelegene Kammer hingegen war noch unerforscht. Mit Sprengstoff beseitigte man rasch die im Weg liegenden Felsbrocken, die Generationen von Möchtegernplünderern den Eingang versperrt hatten. Die Arbeiter, die inzwischen Verstärkung durch weibliche Verwandte bekommen hatten, die man ebenfalls angeworben hatte – Hogarth war nämlich davon überzeugt, dass die Anwesenheit von Frauen die Männer zur Arbeit motivierte –, begannen zu graben und drangen von Tag zu Tag tiefer in das Dunkel der Höhle vor, bis nur noch die hellen Punkte ihrer Kerzen in der Ferne zu erkennen waren.

Und dann kam die wundersame Entdeckung: Als einer der Arbeiter seine Kerze im schmalen Spalt eines Stalaktiten abstellte, fiel ihm ein metallisches Glitzern auf – in dem Spalt steckte eine Klinge. Sie entpuppte sich als ein Bronzemesser mykenischer Herkunft. Ausgeschlossen, dass es zufällig dorthin gelangt war. Jemand musste es in ferner Vergangenheit als Opfergabe für eine Gottheit hier zurückgelassen haben.

Angespornt von diesem Fund, suchte der Trupp die Spalten der uralten Kalksteinsäulen ab, die im Kerzenschein vor Feuchtigkeit glänzten. In den folgenden Tagen stießen sie auf Hunderte von Gegenständen: Messer, Gürtelschnallen, Nadeln, Ringe, winzig kleine doppelschneidige Äxte, die gläubige Menschen vor etwa viertausend Jahren in dieser Furcht einflößenden Tiefe in die Spalten der Stalaktiten gelegt hatten. Hogarth zweifelte nicht daran, den wahren Geburtsort von Zeus gefunden zu haben. »Von allen heiligen Höhlen dieser Welt«, schrieb er, »ist die von Psychro ihrer unteren Kammern wegen ganz und gar einzigartig.«

Vermutlich hätte Hogarth sich eher jene Gläubigen längst vergangener Zeiten vorstellen können als die Folgen, die der Massentourismus Ende des 20. Jahrhunderts für diese heiligen Grotten haben sollte, deren Friede jahrtausendelang ungestört geblieben war. Heutzutage zieht Zeus' Geburtsort die Neugierigen in Scharen an. Von der gesamten Nordküste aus fahren überall zwischen Chania und Agios Nikolaos Busse die Küstenstraße entlang, biegen bei Neapolis ins Landesinnere ab und quälen sich die kurvenreiche Straße hinauf zum Lassithi-

Plateau. Am Beginn des Pfades, der zur Höhle emporführt, warten bereits Fremdenführer, die lautstark und zuweilen aufdringlich ihre Dienste anpreisen. Ihre Kollegen säumen in Scharen den Höhleneingang, ausgerüstet mit Taschenlampen, reichlich kretischem Einfallsreichtum und Erzähltalent. Sie können einem sogar die Nische zwischen den Stalaktiten zeigen, in der Zeus als Säugling gebadet worden war, und die Mulde, in der seine Wiege gestanden hatte. Trotz alledem, trotz der irritierenden Lichtkegel der Taschenlampen und des hallenden Stimmengewirrs überkommt einen so etwas wie Ehrfurcht, wenn man in den Tiefen der Höhle steht und den Blick auf den dunstigen Lichtschein über sich richtet. Diesen Flecken Himmel hat Zeus, dem es vorherbestimmt war, Vater der Götter und der Menschen zu sein, gesehen, als er zum ersten Mal die Augen aufschlug.

Das behaupten die einen. Andere hingegen behaupten, Zeus sei in Wirklichkeit in der Idäischen Höhle am Rand der Nidhi-Hochebene geboren, unter dem Gipfel des Ida, der heute Psiloritis heißt. Mit seinen bis zu 2456 Meter Höhe ist er der höchste Gebirgsstock Kretas. Sein alter Name bedeutet »Wald«, was darauf hinweist, dass diese Hänge einst dicht bewaldet waren. Die Idäische Höhle diente sehr lang als Kultstätte, von der kretischen Bronzezeit bis in die Zeit der Römer. Der Überlieferung zufolge suchte auch der Philosoph Pythagoras die Höhle auf, um Zeus ein Brandopfer darzubringen.

Ich glaube fest an die Macht der Fantasie, vor allem wenn sie sich auf die Vergangenheit richtet. Aber zuweilen versagt sie auch, und meine versagt unweigerlich, wenn ich mir auszumalen versuche, wie Pythagoras als Mensch aus Fleisch und Blut in einer Höhle steht und betet. Für mich ist er lediglich ein abstraktes Prinzip und obendrein ein Quell der Frustration. Wir lernten uns kennen, als ich noch in kurzen Hosen umherlief (damals trugen Jungs noch kurze Hosen) und mein

Geometrielehrer von mir verlangte, den Satz des Pythagoras über rechtwinklige Dreiecke zu beweisen, was mir zeit meines Schülerdaseins nicht glückte.

Hier auf 1600 Meter Höhe über dem Meeresspiegel ist die Landschaft atemberaubend, doch die Höhle selbst ist niedrig und ziemlich unspektakulär, wie kretische Höhlen eben sind; außerdem fehlt ihr die dramatische grottenartige Tiefe ihrer Konkurrentin. Die Streitfrage unter den Gelehrten ist nach wie vor ungeklärt – die Argumente zeugen zwar von großer Sachkenntnis, sind aber nicht schlüssig. Mir wäre es durchaus recht, wenn es für alle Zeiten dabei bliebe und keine Entscheidung fiele, aber Aira, die stets darauf bedacht ist, ein Problem zu lösen, bevor sie sich etwas Neuem zuwendet, freute sich, dass man zu einer pragmatischen Einigung gelangt war – zumindest nach Ansicht des Tourismusverbandes und der jeweils betroffenen Bevölkerung. In Anbetracht der Tatsache, dass sich mit zwei Ausflugszielen ein besseres Geschäft machen lässt als mit einem, verständigte man sich offiziell darauf, dass Zeus in der Diktaia-Höhle geboren war und in der Idaia-Höhle, genährt von wilden Tieren, seine ersten Lebensjahre verbrachte.

Finstere Orte unter der Erde, von denen Kretas Bergrücken aus Kalkstein durchlöchert sind, wurden schon von frühester Zeit an mit ausschweifendem Treiben und der Verehrung der Erdgottheiten in Verbindung gebracht. Auch darin bewiesen die Kreter ihre Eigenart. Für die Griechen auf dem Festland war Zeus eine Himmelsgottheit. Er herrschte von den Sphären hoch über den Wolken aus, er war es, der den Donner grollen ließ und die Wolken zusammenballte. Wieso sollte er dann in Höhlen umherschleichen?

Doch die Kreter sind äußerst hartnäckig und hochbegabt in der Kunst, das letzte Wort zu behalten. Da sie in Zeus einen Fruchtbarkeitsgott sahen, der mit dem zu Ende gehenden

Jahr starb und im Frühling wiedergeboren wurde, und da sie ohnehin schon seinen Geburtsort besaßen, konnten sie doch eigentlich auch noch seine Grabstätte für sich reklamieren. Genau das taten sie auch und behaupteten, sie liege auf dem höchsten Gipfel des Juktas südlich von Knossos. Das empörte natürlich all jene, für die der Gott unsterblich war. Zu ihnen gehörte auch der im 7. Jahrhundert v. Chr. lebende Dichter und Wunderpriester Epimenides, selbst eine halb legendäre Figur, von dessen Schmähgedicht auf die Kreter ein Fragment die Zeiten überdauert hat. Costis Davaras zitiert es in seinem Buch über kretische Altertümer:

Die Kreter haben dir ein Grab geschaufelt,
O Heiliger und Erhabener,
Diese Lügner, bösen Tiere, faulen Bäuche.

Diese Zeilen rezitierte ich, während Aira und ich zwischen den Frühlingsblumen standen und zu dem sagenumwobenen Gipfel emporblickten, und wie üblich ertrug sie meine Schwülstigkeit mit guter Laune. Epimenides war selbst Kreter, was seinen Worten zusätzlich Gewicht verleiht. Der Apostel Paulus zitiert sein vernichtendes Urteil siebenhundert Jahre später in seinem Brief an Titus, dem laut Überlieferung ersten Bischof von Kreta. Dieses Verdikt über die Kreter, gefällt von einem aus ihren eigenen Reihen, sei wahr und wohl begründet, sagt der Apostel, und er fügt hinzu: »Darum weise sie scharf zurecht, auf dass sie gesund werden im Glauben.«

Doch der Ladenbesitzer in Chania, mit dem Aira und ich ins Plaudern kamen, während er auf der Türschwelle stand und die Morgensonne genoss, sah die Sache ganz anders. Er bat uns herein, bot uns Kaffee an und präsentierte uns mit einer Mischung aus Stolz und Augenzwinkern seine Regale voll handbemalter Keramik. Auf manchen Stücken waren Motive aus der klassischen Mythologie abgebildet, und davon angeregt gab er seine eigene Version der Zeus-Geschichte zum Besten. Die alten Athener hätten den Gott gestohlen, ihn bis zur Unkenntlichkeit umgemodelt und ihn sich angeeignet. Das sei ihnen nur gelungen, weil sie aus den Kriegen zwischen Kreta und Athen – zeitweise und mithilfe von Verrätern – als Sieger hervorgegangen seien. Und wie lasse sich ein Sieg besser bekunden als dadurch, dass man den Besiegten ihre Götter raube? Genau zu dieser Zeit seien auch die minoischen Paläste von Knossos und Festos durch Feuer verwüstet worden. Brauche man etwa noch mehr Beweise?

Ich betrachtete ihn aufmerksam, während er erzählte. Diese Ereignisse waren für ihn so real, als hätten sie erst vorgestern stattgefunden. Kreter lieben Geschichten. Ihre Insel ist seit mindestens achttausend Jahren besiedelt, genug Zeit für eine Menge Geschichten und für den langen kreativen Prozess des Ausschmückens, bei dem sich Mythos, Legende und reale Ereignisse miteinander vermischen, ineinander verweben und irgendwann nicht mehr voneinander zu trennen sind.

Kein Wunder, dass sich Gelehrte und Archäologen über die Höhlen streiten. Immerhin gibt es auf der Insel mehr als zweitausend davon. Die vier großen Bergmassive, die sich steil aus dem Meer erheben und den gebirgigen Kern Kretas bilden, bestehen alle aus Kalkstein. Die Säure im Regenwasser löst den Kalk auf und ätzt in seine Oberfläche winzige Rinnen und Mulden, in denen sich Wasser sammelt. Über riesige Zeiträume hinweg entstehen Abflusslöcher, das Kalkgestein bekommt Sprünge und Risse, und durch das kontinuierliche Einwirken des Wassers werden unter der Oberfläche Höhlen ausgeschabt, unterirdische Kammern – teils einfach, teils vielschichtig, mit Galerien auf verschiedenen Ebenen, die manchmal bis in die Bergmitte reichen. Es bilden sich Stalaktiten, das Wasser sammelt sich in Rinnsalen und Tümpeln. In diesen stockfinsteren Tunneln, Höhlen und labyrinthischen Wasserläufen entstand in den drei Milliarden Jahren, seit es Leben auf unserem Planeten gibt, eine ungeheure Vielzahl an kriechenden, schwimmenden Wesen, blind und farblos und der Umgebung perfekt angepasst.

Höhlen und Schutzräume im Fels sind von jeher aufs Engste mit der Geschichte Kretas verknüpft. Dort befanden sich die ersten Heiligtümer und kultischen Orte, sie boten Schutz vor den Piraten, dienten während der Aufstände im 18. und 19. Jahrhundert Räubern und Revolutionären sowie im Zweiten Weltkrieg den Partisanen als Verstecke. Zuweilen kam es dort zu entsetzlichen Gewalttaten gegen die aufständische einheimische Bevölkerung. Als Xan Fielding in den Fünfzigerjahren des 20. Jahrhunderts eine solche Höhle nahe dem Dorf Vafes im östlichen Teil der Weißen Berge besuchte, entdeckte er eine am Fels angebrachte Gedenktafel. Sie erinnerte an die hundertfünfzig einheimischen Männer, Frauen und Kinder, die im August 1821 Zuflucht in der Höhle gesucht hatten und auf Befehl der beiden türkischen Paschas, Resit und Osman, erdrosselt wurden. Angeblich soll das Weinen eines Kindes den Türken das Versteck verraten haben.

Wir hatten beschlossen, als Erstes einige Höhlen zu besichtigen. Das ist eine ausgezeichnete Methode, um Kreta kennenzulernen, denn Höhlen gibt es hier überall.

Die Entführung der Europa

Ovid

Als der Enkel des Atlas an frevler Gesinnung und Rede
Rache genommen, verließ er die nach Pallas Athene
Zubenannten Länder und schwang sich hinauf in den Äther.
Juppiter rief ihn, und ohne als Grund seine Liebe zu nennen,
Sprach er: »Sohn, du treuer Vollbringer meiner Befehle,
Ohne Verzug enteile gewohnten Fluges zur Erde
Und in das Land, das links zu deiner Mutter emporschaut,
(Das sidonische wird es von seinen Bewohnern geheißen),
Wende dich, und die Herde des Königs, die du am Berge
Fern dort weiden siehst, die treibe hinab an die Küste.«

Sprachs, schon waren die Rinder hinab vom Berge getrieben
An den befohlenen Strand, wo die Tochter des mächtigen Königs
Stets zu spielen gewohnt im Kreise tyrischer Jungfraun.
Nicht vertragen sich wohl und hausen nicht gut beieinander
Herrschergewalt und Liebe: Die Würde des Szepters verlassend,
Kleidet der Vater und Herr der Götter, dem in der Rechten
Flammt der feurige Dreizack, mit dem er den Erdkreis erschüttert,

Sich in Stiergestalt, und brüllend unter die Rinder
Mischt er sich ein und wandert dort stattlich im üppigen Grase,
Blendend ist seine Farbe wie Schnee, den keinerlei Tritte
Stampfend entstellt und noch kein feuchter Südwind
geschmolzen;
Muskelstrotzend der Hals, es hängt vom Nacken die Wamme.
Klein zwar sind die Hörner, doch könnte man meinen,
sie wären
Handgefertigt und heller als lichtdurchflossne Juwelen,
Keine drohende Stirn, kein furchteinflößendes Auge;
Friedlich schaut er drein. Es staunt die Tochter Agenors,
Dass er so edel und schön geformt und gar nicht bedrohlich.
Aber obwohl er zahm, so scheut sie doch erst die Berührung;
Bald aber naht sie, um Blumen dem schimmernden Maule
zu reichen.
Froh ist der liebende Gott, und harrend erwartet er Wonne,
Küsst er die Hände und kaum, ja kaum verschiebt er das
Weitre,
Nähert sich spielend bald und springt im grünenden Grase,
Streckt in den gelben Sand bald hin die schneeigen Flanken.
Wie er allmählich die Furcht benommen, gewährt er der
Jungfrau
Gern zum Streicheln die Brust und gern die Hörner mit
frischem
Grün zu umflechten. Nun wagt bereits die fürstliche Jungfrau,
Ahnungslos auf wen, auf den Rücken des Stieres zu steigen.
Da aber lenkt der Gott vom Land und vom trockenen Ufer
Sacht zuerst in die Flut der Füße trügliche Schritte,
Schreitet dann weiter und trägt nun mitten über des Meeres
Wellen die Beute. Voll Furcht erblickt die Jungfrau des Ufers
Schwinden, sie hält mit der Rechten das Horn und lehnt ihre
Linke
Auf den Rücken; es flattern die windgeschwellten Gewänder.

Im Labyrinth

Arn Strohmeyer

Das Labyrinth ist neben der Doppelaxt das Symbol des alten Kreta schlechthin. Zunächst denkt man bei diesem Wort an einen Irrgarten, der viele Wege zur Wahl anbietet, auch solche, die ins Nichts führen und sich als Sackgasse erweisen. Das kretische Labyrinth war kein solcher Irrgarten. Das belegen nicht nur Darstellungen auf frühen Münzen, sondern auch eine Einritzung auf der Rückseite eines Tontäfelchens aus dem Palast von Nestor in Pylos (Peloponnes) aus dem 13. Jahrhundert v. Chr. Heutige Labyrinthforscher kennzeichnen das kretische Labyrinth deshalb als »geometrische Figur, die nur einen einzigen Weg aufweist, also keine Verirrungsmöglichkeit enthält. Dieses klassische Labyrinth ist am besten zu verstehen als architektonischer Grundriss, als ein System von Linien, gedacht als Begrenzungsmauern, zwischen denen als frei gelassenes Band der Weg verläuft: Dieser führt von der einzigen Öffnung in der Außenmauer zwangsläufig, ohne Wahlmöglichkeit und kreuzungsfrei ins Zentrum und wieder hinaus, und zwar so, dass er pendelnd immer die Richtung wechselt und als größtmöglicher Umweg den ganzen Innenraum ausfüllt. Der eindeutige Weg führt in sieben Umgängen ins Zentrum als der einzigen Sackgasse« (nach Hermann Kern).

Zu diesem Typ des Labyrinths gehören mythische Personen, die es beleben und ihm seinen Sinn geben: Minos, Pasiphae, Daidalos, Theseus, Ariadne und der Minotaurus. Pasiphae, die Gattin des Kreterkönigs Minos, war auf erotische Abwege geraten und hatte sich in einen herrlichen weißen Stier verliebt. Daidalos, ein genialer Baumeister und Architekt, konstruierte deshalb für die Königin ein mit Rindshaut überzogenes Holzgestell, das einer Kuh sehr ähnlich war, also eine Liebesmaschine oder eine prothetische Kuh. Pasiphae begab sich dann darunter und konnte sich so mit dem weißen Stier vereinigen. Die Frucht dieses Seitensprungs war der stierköpfige Minotaurus, ein im wahrsten Sinn des Wortes ungeheuerliches Wunderwesen, halb Mensch, halb Stier – eine gehörnte menschliche Missgeburt, denn seine Mutter hatte wie Minos göttlichen Rang. Der königliche Gatte musste diesen Bastard als große Schande empfinden. Er beauftragte deshalb Daidalos, einen Bau zu entwerfen, in dem der Minotaurus für immer verschwinden sollte. Der Baumeister löste die Aufgabe mit Bravour. Er konstruierte ein architektonisches Wunderwerk, das die vertrackte Aufgabe erfüllte, zugleich Gefängnis, Versteck und Tempel zu sein. Das System der Gänge, das Daidalos entwarf, führte zwar zwangsläufig ins Zentrum, in dem das Ungeheuer hauste, aber der Weg zurück war unmöglich zu finden. Die Menschenopfer, die dem Ungeheuer gebracht werden mussten, hatten also keine Chance, das Labyrinth wieder zu verlassen.

Minos – so lautet die Sage weiter – hatte auch Teile des griechischen Festlandes mitsamt der Stadt Athen erobert. Die Athener mussten dem König nun einen furchtbaren Tribut entrichten: In jedem neunten Jahr mussten sieben Jünglinge und sieben Jungfrauen nach Kreta geschickt werden, um dem Minotaurus zum Fraß zu dienen. Als wieder eine solche Opferung anstand, meldete sich auch Theseus, der Sohn des athenischen Königs Aigeus, freiwillig als einer der sieben Jünglinge. In Kreta angekommen, begegnet er Ariadne, der Tochter des Minos und der Pasiphae. Es ist Liebe auf den ersten Blick. Damit er das Labyrinth unbeschadet wieder verlassen kann, um sie dann zur Frau zu nehmen, gibt sie ihm ein Garnknäuel mit auf den Weg. Theseus tötet im Zentrum des Labyrinths den Minotaurus und findet auch – den Faden wieder aufrollend, den er an der Eingangstür befestigt hatte – durch das Gewirr der Gänge wieder hinaus in die Freiheit.

Die Geschichte hat dennoch einen unglücklichen Ausgang: Theseus flieht mit seiner Braut vor Minos nach Naxos. Dort erscheint der Gott Dionysos, entführt Ariadne und feiert mit ihr Hochzeit. Sie soll mit ihm schon vor der Begegnung mit Theseus eng verbunden gewesen sein. Nach einer anderen Version des Mythos hat der Athener Königssohn Ariadne auf Naxos einfach zurückgelassen, weil er ihrer überdrüssig war und sich mit einer neuen Geliebten – Aigle mit Namen – getröstet hatte. Damit aber nicht genug des Unglücks. Theseus hatte seinem Vater in Athen versprochen, bei einer glücklichen Heimkehr von Kreta ein weißes Segel zu setzen. Er vergaß es und beließ es bei dem schwarzen, das das Schiff bei der Abfahrt getragen hatte. Als der ungeduldig wartende König Aigeus dies sah, warf er sich verzweifelt vom Felsen seiner Burg herab. Theseus folgte ihm auf den Thron. So weit der Mythos.

Natürlich haben die Archäologen versucht, dieses Labyrinth – oder wenigstens bescheidene Reste davon – aufzuspüren und auszugraben. Ihre Suche blieb ohne Erfolg. Der Ausgräber von Knossos, Sir Arthur Evans, setzte dann die Spekulation in die Welt, ebendieser riesige Palast mit seinen vielen Räumen, Höfen und Gängen sei mit dem Labyrinth identisch. Eine Legende ohne jeden faktischen Beleg. Aber es gibt auf Kreta wirklich ein Labyrinth! So gut wie alle Kartografen der vergangenen Jahrhunderte kennen auf ihren Karten der Insel Candia einen Ort, den sie als das Labyrinth bezeichnen. Zwar sind sich die Schöpfer dieser Kartenwerke keineswegs einig, wo genau es gelegen haben soll. Die meisten zeichnen es aber südlich der Inselmitte am Rande der Messara-Ebene nahe des Dorfes Castelli Nuovo ein, das wenige Kilometer vom antiken Gortys entfernt liegt und heute Castelli heißt. Dort gibt es in der Tat in einem Berg ein System von höhlenartigen Stollen, die sich in verschlungener und verwirrender Linienführung kilometerweit durch den Felsen ziehen – immer wieder unterbrochen von Abzweigungen in alle Richtungen, von Sackgassen und von großen Kammern und Gewölben. Für die Reiseschriftsteller vergangener Jahrhunderte gehörte ein Besuch dieses Labyrinths zu den großen Attraktionen ihrer damals noch beschwerlichen Reise durch Candia. So schrieb etwa der Franzose Platon de Tournefourt im Jahr 1700 nach einem Besuch des Verlieses: »Dieser so berühmte Ort ist ein unterirdischer Gang, nach Art einer Gasse, welche in hundert Krümmungen, die gleichsam von ungefähr entstanden und ohne die geringste Ordnung angelegt sind, durch den ganzen inneren Teil eines Hügels am Fuß des Berges Ida auf der Mittagsseite, drei Meilen von den Ruinen von Gortyna, fortläuft.« Zum Beleg dafür, dass sie wirklich dort waren, haben diese frühen Reisenden ihre Namen und das Datum des Besuchs kunstvoll in den Felsen eingeritzt. Die früheste Eintragung stammt aus dem Jahr 1444.

Hat dieses Labyrinth, das in keinem Reiseführer erwähnt wird und von dem auch nur wenige Kreter wissen, etwas mit dem alten Mythos vom Minotaurus zu tun? Die griechische Höhlenforscherin Anna Petrocheilou hält die Stollen für die Reste eines antiken Steinbruchs, den man tief in den Fels getrieben hat, um mit dem abgebauten Material die Stadt Gortys zu bauen. Aber auch sie gibt den einzelnen Teilen des viel verzweigten Labyrinths mythische Namen: »Irrgarten«, die »kleine« und »große Insel« am See, »Ariadne-Saal«, »Kampfsaal« (wo Theseus den Minotaurus getötet haben soll), »Theseus-Grotte«, »Saal mit dem Tisch« (hier soll das Ungeheuer seine Mahlzeiten eingenommen haben) und als letzter Raum der »Minotaurus-Saal«.

Dieses riesige Gewölbe mit den großen mythischen Namen führte, bevor am Beginn der Neuzeit die ersten Reisenden kamen, ein eher tristes und vergessenes Dasein. Die Bewohner aus den nahen Dörfern benutzten es in unruhigen Epochen als Unterschlupf, in friedlichen als Schaf- und Ziegenpferch. Aber auch Räuber und Piraten versteckten sich und ihre Schätze hier. Fledermäuse hatten ihre Wohnung darin. Im Zweiten Weltkrieg legte die deutsche Wehrmacht in den Stollen Munitionsdepots an. Die gefährliche Erbschaft der Germanos wurde nicht entsorgt. Sie liegt heute noch dort, verrottet und vergammelt, und ist deshalb noch gefährlicher. Fischer drangen nach dem Krieg immer wieder in die Gänge und Kammern ein, um sich mit Sprengstoff und Dynamit für ihre verbotene Arbeit auf dem Meer zu versorgen. Es gab Explosionen – die schlimmste am 11. April 1961, bei der mehrere Männer starben und Abschnitte der Gänge schwer beschädigt wurden.

Steigt man freiwillig in einen solchen Hades mit seinen schwarzen und grabesstillen Tunneln und Verliesen, zu seinen im ewigen Dunkel liegenden Inseln und Seen hinab? In der Nacht vor unserem Ausflug dorthin plagten mich abwechselnd Albträume und Schlaflosigkeit. Wäre da nicht ein guter Bekannter, der Schweizer Rolf, als lebendes Beispiel gewesen, dass man aus dieser verschlungenen Unterwelt auch wieder herauskommen kann – er hatte sie schon mehrmals durchquert und faszinierende Berichte davon gegeben –, ich hätte wohl in letzter Sekunde noch abgesagt. Rolf bot sich als Führer an.

So brachen wir denn von Gortys gemeinsam auf. Dabei war

neben dem Maler Peter Foeller auch dessen Sohn mit ein paar Freunden, die das Unternehmen schlicht »cool« fanden. Als wir das Dorf Castelli hinter uns hatten, ging die Straße in eine fast unbefahrbare Schotter- und Steinpiste über. Immer wieder mussten wir die Drahtverhaue von Schafpferchen öffnen, die Autos durchlassen und wieder schließen. Dann führte die Piste auf einen hügelartigen Berg hinauf. Auf einem großen Plateau stellten wir die Wagen ab.

Eine Steinbruchnarbe führt winkelartig in das Massiv. Überall stehen giftgelbe Schilder mit Totenköpfen und der Aufschrift »Kindynos Thanathos!« (Todesgefahr!). Am Ende des Winkels soll es einen Eingang ins Labyrinth geben. Berge von verrosteten und offenbar gesprengten Munitionsresten liegen überall herum. Die Form von großen Granaten ist noch deutlich zu erkennen. Unter einem großen Busch verbirgt sich – nur aus der Nähe zu erkennen – ein kleines Loch, das in die Tiefe führt. Ich kann mir nicht vorstellen, dass ich da hineinpasse. Mit den Füßen voraus zwängen und schieben wir uns wie Schlangen durch die Höhlung und gelangen auf einen kleinen felsigen Absatz, von dem aus ein Gitterfenster, dessen Stäbe gerade so abgesägt sind, dass ein Mensch hindurchkommt, ins Innere des Berges führt. Wir schlüpfen auch durch diese Öffnung – Rolf und die Jungen vorneweg, Peter und ich hinterher. In dem Gang, den wir nach wenigen Schritten erreichen, umgibt uns tiefe, schwarze Dunkelheit. Mit unseren Taschenlampen in der Hand tasten wir uns vorwärts, an den feuchten und kalten Felswänden entlang. Der Stollen ist hier vielleicht zwei Meter breit. Weiße und rote Plastikschnüre liegen auf dem Boden in der Richtung des Ganges – Ariadne-Fäden, die hilfreiche Besucher gelegt haben, um den Nachkommenden die Gewissheit zu geben, dass irgendwo doch wieder ein Ausgang ans Licht und ins Freie führt. Überall gehen sehr schmale Gänge ab, die oben unregelmäßig aufgeschichtete Spitzbögen aus Felsplatten bilden. Loses Geröll muss immer wieder herabprasseln, denn der Boden des Ganges, den wir gehen, und die Abzweigungen in andere Richtungen sind voll davon. An einer Stelle hängt die Decke so tief herab und ist so viel Gestein heruntergefallen, dass der Durchgang nur noch ein Schlund von der Größe eines Bullauges ist. Die Luft ist feucht und stickig, das Atmen fällt schwer. Entsetzen und Panik überkommen mich. Ich will nicht mehr weiter, will abbrechen, aufgeben, will zurück ans Licht. Unkontrolliert bricht ein Angstschrei aus mir heraus, nur ein Wort: »Rolf!« Aber der ist mit den Jungen schon weit voraus, er kann mich nicht mehr hören. Mein Schrei verhallt dumpf im Gewirr der Gänge. Ich fühle mich unendlich allein und stelle mir vor, die losen Felsmassen würden von oben herabstürzen und mich lebendig darunter begraben. In diesem Augenblick legt sich von hinten eine Hand auf meine Schulter. Ich drehe mich um und sehe im Schein der Taschenlampe Peter Foeller. Er lacht, zeigt auf das Loch und sagt: »Da müssen wir durch!« Meine Angst ist wie weggeblasen, und auf allen vieren schieben wir uns durch das winzige Loch. Hinter dem Schlund öffnet sich eine Kreuzung. Wieder gehen Gänge nach mehreren Seiten ab.

Wir biegen nach links ein und kommen in einen großen hallenartigen Raum. Die Decke ist flach und eben, als sei sie aus Beton gezogen. Eine ganze Schicht des Daches ist herabgestürzt, überall auf dem Boden liegen die zerborstenen Felsbrocken. An den Wänden haben Menschenhände Mauern hochgezogen, die Steine sind sauber und gut gefügt. Sie grenzen kleine Räume und Zimmer von dem großen Saal ab. Einige Säulen stützen die Decke. In einem der zurückliegenden Räume ist die deutsche Munition meterhoch gestapelt. Wir verlassen die Halle, der Gang wird breiter. An den glatten Wänden sind Namen eingeritzt. Dann folgt wieder ein Raum, in dem lange Granaten fein säuberlich und akkurat gestapelt sind – deutsche Ordnung auch in dieser Unterwelt! Respektvoll und mit sanften Schritten machen wir einen großen Bogen um die gefährlichen Geschosse.

Dann biegen wir um eine Ecke, kommen in einen langen Gang – und sehen am Ende einen Lichtstrahl. Es ist ein Ausgang, ein enges Felsloch. Wir winden und zwängen uns hindurch und kommen in einer Einbuchtung des Berges hinaus in die Helle des Tages. Auch hier stehen wieder die Schilder mit den Totenköpfen, liegen verrottete und verrostete Munitionsreste herum. Wir sitzen auf Felsbrocken und ruhen uns einen Augenblick aus. Die Jungen lachen und finden alles ganz »irre«, was auch das richtige Wort für diesen Irrgarten ist. Ich überlege, wie lange wir in der Unterwelt waren: eine halbe Stunde, eine Stunde, länger? Ich weiß es nicht, ich hatte jedes Zeitgefühl dort unten verloren.

In der Taverne auf der Dorfstraße in Castelli stoßen wir auf unseren mutigen Gang ins Labyrinth an und gehen das Abenteuer noch einmal Schritt für Schritt durch. Der Wirt mischt sich ins Gespräch ein und erzählt, dass die Gänge insgesamt fast fünf Kilometer lang seien. Es soll noch eine zweite, völlig unerforschte Etage geben. Bei dem Dorf Ameloussos sei der Eingang zu diesem Teil des Labyrinths. Im Krieg, berichtet der Wirt weiter, hätten die Deutschen Einwohner von Castelli zwangsverpflichtet, die Schotterstraße für ihre Munitionstransporte zu den Eingängen der Stollen zu bauen. Es gibt Fotos von diesen Arbeiten.

Wir rätseln, welche Bewandtnis es mit dem Labyrinth auf sich hat. Die Steinbruchthese überzeugt mich nicht. Natürlich muss das Baumaterial für die riesige Stadt Gortys irgendwoher gekommen sein. Wer soll aber aus diesen überaus engen Gängen Steine herausgeschleppt haben? Hätte man die nicht viel einfacher im Tagebau abbauen können? Zudem ist das

Höhlengewirr größtenteils auch natürlichen Ursprungs und nicht von Menschen angelegt. Eine andere Theorie spricht davon, man habe schon in alter Zeit in den Stollen Eisen abgebaut. Vielleicht. Ich kann die Frage nicht beantworten. Ich lasse es einfach so stehen: Dieses Furcht einflößende Gewirr von Gängen, Kammern und Höhlen war für die Menschen immer auch ein Labyrinth oder »labirinto«, wie auf den alten Karten steht.

Mich ließ der Gedanke an dieses faszinierende menschliche Urbild nicht mehr los – wohl weil ich ahnte, dass zwischen diesem uralten Menschheitssymbol, den mythischen Personen, die in ihm einst handelten, und meiner panischen Angst an der engsten Stelle des Irrgartens eine Beziehung bestehen musste, die der Aufklärung bedurfte. Und so bin ich noch einmal hinabgestiegen ins Labyrinth, diesmal aber nicht in das felsig konkrete bei Castelli, sondern tief ins Labyrinth der Bücher, um Aufschluss und Deutung zu suchen über das, was ich dort unten gesehen und erlebt hatte. Ich befragte vor allem die Psychoanalytiker und Dichter, weil sie am meisten von den zwielichtigen, halbdunklen Abgründen der Seele und ihren labyrinthischen Zeichen verstehen. Ich schwankte bei diesem Abstieg erneut zwischen Angst und Hoffnung, Panik und Befreiung. Ganz neue Deutungen des Phänomens taten sich auf: Das Labyrinth ist Gefängnis und bergende schützende Höhle zugleich, ein Innenraum mit Eingang und Ausgang zur Welt. In der Mitte – dem Uterus sozusagen – schläft der Minotaurus, ein embryonales Zwitterwesen, halb Tier und halb Mensch, das erst ganz Mensch werden soll. Es muss erst den langen dunklen uterusartigen Gang überwinden, um zur Freiheit des Lebens zu gelangen. Dies ist aber nicht nur der konkrete Geburtsweg jedes Menschen, es ist auch das Sinnbild für sein psychisches und geistiges Zur-Welt-Kommen, ein Symbol der Selbstwerdung also. Einen Ariadne-Faden brauchen wir alle auf diesem Weg, der selten geradlinig, eher in verwirrendem Hin und Her verläuft, in dialektischen Pendelbewegungen zwischen ängstlichem Zurück in die Wärme des mütterlichen Paradieses und forschem Ausgreifen ins unbekannte Fremde – dem Ausgang des Labyrinths entgegen. Die Psychoanalytiker haben es so oder ähnlich immer gesagt: Unser ganzes Leben ist ein unstetes Schwanken zwischen Angst (trotz Neugier und Freiheitsdrang), wirklich geboren zu werden, und dem Entschluss, ins grelle Licht der Wirklichkeit hinauszutreten und sich ihrer ganzen Faszination zu stellen.

Was nichts anderes bedeutet, als dass auch die Begegnung des Theseus mit dem Minotaurus im Zentrum des Labyrinths eine ganz neue Bedeutung bekäme: Er bringt nicht ein Ungeheuer um, sondern begegnet in dem Monster Seiten und Dimensionen des allgemein Menschlichen, die also auch Teil und zur Erkenntnis seiner selbst unabdingbar sind. Der Abstieg in den Bauch des finsteren Labyrinths wird zur Initiation und Wiedergeburt. Theseus verlässt die Unterwelt als ein Verwandelter. Er konnte nun das Ungeheuer als eine Projektion deuten: Die eigenen verbotenen Aggressionen hatte er auf ein mythisches Ziel gelenkt. Nun braucht er diese Projektion nicht mehr. Der Gang ins Labyrinth hat ihn freigemacht.

Theseus und das schöne Ungeheuer

André Gide

Nun vernimm meine Weisungen, o Theseus, und bewahre sie. Ohne Zweifel wirst du den Minotaurus mühelos überwältigen, denn bei Lichte besehen ist er nicht so furchtbar, wie man meint. Man hat gesagt, er nähre sich von blutigem Fleisch; aber seit wann haben Stiere nur Wiesen verschlungen? In das Labyrinth einzutreten, ist leicht. Nichts aber ist schwerer, als herauszukommen. Keiner findet den Weg zurück, wenn er sich nicht vorher verloren hat. Die Schritte hinterlassen dort keine Spur. Um also zurückzukommen, musst du dich mit einem Faden an Ariadne binden. Ich habe einige Knäuel davon hergestellt. Nimm sie mit, wickle sie im Fortschreiten ab, knüpfe das Ende des einen an den Anfang des andern, sodass keine Lücke entsteht. Bei der Rückkehr spulst du den Faden dann einfach wieder auf bis zu dem Ende, das Ariadne hält. Schwierig ist es nur, bis zum Ende des Fadens den unerschütterlichen Entschluss zur Rückkehr festzuhalten; ihn wird alles schwächen: die Wohlgerüche und das Vergessen, das ihnen entströmt; aber auch deine eigene Neugier. Ich sagte es dir und habe nichts hinzuzufügen. Hier sind die Knäuel. Lebe wohl!

Ich verließ Dädalus und suchte Ariadne auf.

Die Knäuel, die Dädelus mir anvertraut hatte, verursachten den ersten Streit zwischen Ariadne und mir. Sie verlangte, ich solle sie ihr übergeben, und wollte sie in ihrem Busen aufbewahren. Als Grund führte sie an, es sei Sache der Frauen, sie zu rollen und aufzurollen; darin besitze sie selbst besonderes Geschick und wolle mir die Sache nicht überlassen. In Wirklichkeit wünschte sie, auf diese Weise Herrin meines Schicksals zu bleiben, was ich um keinen Preis zugab. Auch vermutete ich, sie würde sie nur mit innerem Widerstand abrollen, d. h. mir die Entfernung von ihr gestatten; sie würde also den Faden zurückhalten oder zurückziehen und mich dadurch verhindern, nach Herzenslust vorwärtszudringen. Ich blieb aber fest trotz ihrer Tränen, dem letzten Argument der Frauen. Denn ich wusste wohl: Wenn man ihnen den kleinen Finger lässt, nehmen sie den ganzen Arm und alles Übrige.

Der Faden war weder aus Lein noch aus Wolle, sondern von Dädalus aus einem unbekannten Stoff verfertigt. Selbst mein Schwert, das ich an einem Endchen probierte, vermochte nichts dagegen. Ich ließ dies Schwert in Ariadnes Händen zurück. Nach dem, was mir Dädalus von der Überlegenheit gesagt hatte, die Instrumente dem Menschen verleihen und ohne die ich die Ungetüme nicht hätte bezwingen können, war ich entschlossen, den Minotaurus nur mit der Kraft meines Armes zu bekämpfen. Als wir daher vor dem Eingang des Labyrinths angekommen waren – einer Pforte, die mit dem in Kreta überall angebrachten Doppelbeil verziert war –, beschwor ich Ariadne, nicht von der Stelle zu weichen. Sie hielt darauf, das Fadenende selbst an meinem Handgelenk zu befestigen, durch einen Knoten, den sie als Symbol der Ehe ausgab; dann hielt sie ihre Lippen auf meine gepresst während einer, wie mir schien, endlosen Zeit. Ich hatte es eilig, vorwärtszudringen.

Meine dreizehn Genossen und Genossinnen – darunter Pirithous – waren vor mir eingetreten; und ich fand sie gleich im ersten Saal wieder. Sie waren von den Düften schon ganz betäubt. Ich vergaß zu erzählen, dass mir Dädalus mit dem Faden einen Stofflappen übergeben hatte, der mit einem starken Gegengift getränkt war. Er empfahl mir dringend, ihn als Knebel zu verwenden. Auch dafür hatte Ariadne an der Pforte des Labyrinths gesorgt. Dank diesem Mittel konnte ich, obwohl nur mühsam atmend, trotz der berauschenden Düfte meinen klaren Kopf und gespannten Willen behalten. Freilich war ich am Ersticken, denn wie ich schon sagte, pflegte ich mich nur in freier Luft wohlzufühlen. Die künstliche Atmosphäre dieses Ortes bedrückte mich.

Ich wickelte den Faden ab, betrat einen zweiten Saal, der dunkler war als der erste; dann einen anderen, noch dunkleren; dann einen anderen, in dem ich mich nur noch weitertasten konnte. Meine Hand streifte an der Wand entlang und traf auf eine Türklinke. Ich öffnete die Tür einem Lichtstrom. Ich war in einem Garten. Mir gegenüber auf einem Beet von Ranunkeln, Adonisröschen, Tulpen, Jonquillen und Nelken sah ich den Minotaurus in lässiger Haltung ruhen. Zum Glück schlief er. Ich hätte mich beeilen und seinen Schlaf ausnützen sollen, aber eines gebot mir Halt und hielt meinen Arm zurück; das Ungeheuer war schön. Wie es bei den Kentauren geschieht, waren Tier und Mensch bei ihm zu einer gewissen Harmonie verbunden. Außerdem war er jung, und seine Jugend goss über seine Schönheit eine bezaubernde Anmut. Das sind Waffen, die gegen mich stärker sind als die Stärke. Sie zwangen mich zum Aufgebot meiner ganzen Energie. Denn man kämpft nie besser als mit der Unterstützung des Hasses; und ich konnte ihn nicht hassen. Ja, ich hielt sogar einen Augenblick inne, um ihn zu betrachten. Aber er öffnete ein Auge. Da sah ich, dass er stupid war, und begriff, das ich voranmachen musste …

An das, was ich darauf tat, was sich abspielte, kann ich mich nicht genau erinnern. Trotz der engen Knebelung war mein Geist von den Dünsten des ersten Saals umnebelt; sie wirkten auch auf mein Gedächtnis ein, und wenn ich den Minotaurus doch bezwungen habe, so habe ich an meinen Sieg nur eine verworrene, im Ganzen aber lustvolle Erinnerung bewahrt. Das muss genügen, denn ich verbiete mir ja, etwas zu erfinden. Wie an einen Traum erinnere ich mich auch an den Zauber des Gartens; er umwölkte die Sinne so, dass ich glaubte, mich nicht von ihm trennen zu können; nur mit Bedauern wickelte ich nach Erledigung des Minotaurus den Faden wieder auf und ging in den ersten Saal zurück, um dort meine Genossen zu treffen.

Sie saßen zu Tische vor einem festlichen Mahl, das ich weiß nicht wie und von wem angerichtet war; sie schlangen sich voll, tranken in großen Zügen, knutschten sich und feixten wie Narren oder Idioten. Als ich Miene machte, sie zurückzuführen, beteuerten sie, es wäre ihnen dort sehr wohl und sie dächten gar nicht daran zu gehen. Ich drang in sie und sagte, ich brächte ihnen die Befreiung. – Die Befreiung wovon?, riefen sie; und sie beschimpften mich, plötzlich gegen mich verbündet. Ich war sehr traurig wegen Pirithous. Er kannte mich kaum wieder, verleugnete die Mannestugend, machte sich über seine eigene Tapferkeit lustig und schwor schamlos, er würde die wohlige Gegenwart nicht für den ganzen Ruhm der Welt ausschlagen. Und doch konnte ich ihm nicht zürnen, denn ich wusste nur allzu gut: Ohne die Vorsicht des Dädalus würde ich ebenso Schiffbruch erlitten und mit ihm, mit ihnen eingestimmt haben. Nur durch Prügel, Faustschläge, Tritte in den Hintern zwang ich sie, mir zu folgen; auch waren sie vom Rausch so beschwert, dass sie zum Widerstand unfähig waren.

Aber wie viel Zeit und Mühe brauchten sie nach dem Verlassen des Labyrinths, um zu Sinnen zu kommen und ihr Selbst wieder zu finden! Sie taten es nur mit Traurigkeit. Es war ihnen, so sagten sie mir später, als stiegen sie von einem Gipfel der Wonne in ein enges, dunkles Tal hinab und kehrten in jenen Kerker zurück, den das eigne Selbst bildet und aus dem kein Entrinnen ist.

Mit Arthur Evans auf Ausgrabung

Georg Karo

Im April 1900 fuhr ich zum ersten Male von Ägypten nach Griechenland, erblickte wieder europäische Erde an der lang gestreckten Südküste der Insel Kreta. Bei dem gemächlichen Tempo eines kleinen Dampfers konnte ich Stunde um Stunde dieses mächtige Bollwerk betrachten, das die ägäische Inselwelt im Süden gegen das weite offene Meer nach Afrika abschließt. Steil und ungastlich dehnen sich die hohen graubraunen Felsmauern dieses Bollwerks über 260 Kilometer, selten von kleinen Hafenbuchten unterbrochen. Nur ganz im Westen, und dann wieder kurz vor ihrem östlichen Abschluss, wird die Unnahbarkeit dieser gewaltigen natürlichen Festung gemildert durch etwas längere felsige Strecken von Vorbergen und Hügeln mit kargem Pflanzenwuchs. Einige kleinere Eilande sind der Küste vorgelagert, als hätten sie sich einst um die große Insel herum vorgewagt ins afrikanische Meer. Man erinnert sich des »Schönen Hafens«, in dem einst der Apostel Paulus landete. Er trägt noch heute den alten Namen, Kaloi Limenes, jedoch vom Schiff aus kann man den winzigen Einschnitt gar nicht erkennen. Über und hinter den Felsmauern aber erheben sich stolz und bis in den Frühsommer hinein schneebedeckt die Bergketten, deren höchster Gipfel, der Götterberg des Zeus, heute noch seinen alten Namen Ida trägt (im Volksmunde heißt er meist Psiloritis, der Höchste). Fast 2500 Meter ragt er über dem Meeresspiegel empor, nur ganz im Norden des Festlandes übertrifft ihn der andere beherrschende Berg der Götter, der Olymp, mit seinen 3000 Metern.

Wir fuhren in den damals noch unveränderten venezianischen Hafen von Candia-Herakleion, fast in der Mitte der Nordküste von Kreta, und waren gespannt in Erwartung der Dinge, die unser dort harrten. Denn wenige Monate zuvor hatte der englische Archäologe Arthur Evans seine Grabungen in Knossos, der Residenz des sagenberühmten Königs Minos, begonnen, und es hieß, er habe seinen Palast mit ungeahnt großartigen Kunstschätzen entdeckt. Archäologen sind meist skeptisch gegen solche blühenden Fundberichte gestimmt, und man wusste von Evans nur, dass er einige Jahre zuvor eine vorgeschichtliche Bilderschrift Griechenlands auf Siegelsteinen aus Kreta und anderen Inseln entdeckt haben wollte. Damals war es Dogma, dass es in vorhomerischer und auch noch zu Homers Zeit keine Schrift in Hellas gegeben habe, und an einem Dogma soll man nicht rütteln. Hatte doch auch Heinrich Schliemann bei seinen Grabungen an homerischen Stätten, Troja, Mykene, Tiryns, keine Schriftdenkmäler gefunden.

Wir sollten bald eines Besseren belehrt werden. Da standen wir in einer Kaserne des malerischen, noch türkisch anmutenden Städtchens Candia vor einer Fülle von Schätzen. Hier lagen große und kleine Bruchstücke bunter Fresken und harrten in einem rasch improvisierten Museum der Zusammensetzung, daneben Gefäße aus Ton, Bronze und Stein, viele nach Form und Stil von Mykene und Tiryns uns vertraut, daneben andere von der bunten Farbigkeit, die, nach Funden aus einer Höhle am Abhang des Ida, Kamaresware genannt wurden. Endlich war da auch eine Schachtel mit tönernen Täfelchen, die eingeritzt die von Evans gesuchte Bilderschrift aus der Mitte des 2. Jahrtausends v. Chr. trugen. Ein seltener Fall von poetischer Gerechtigkeit hatte den unbeirrbaren Forscher wohl über seine eigenen kühnsten Hoffnungen belohnt. Dieses Glück ist ihm auf Kreta immer treu geblieben und mit ihm unserer Wissenschaft.

Auf kleinen anatolischen Pferden trabten wir die paar Kilometer von Candia nach Knossos hinaus, voll hochgespannter Erwartungen. Der erste Eindruck war beherrscht von dem, was als ein Hauptzug der minoischen Kultur – so hatte sie Evans nach dem mythischen König von Knossos gleich sehr treffend benannt – im Laufe der Jahre immer klarer zutage trat: ihre gesicherte Friedfertigkeit. Auf der flachen Kuppe eines niedrigen Hügels, der zum Bett eines Flüsschens abfiel, hatten die Herrscher Kretas nicht eine Burg, sondern einen unbewehrten Palast erbaut, der auch gar nicht verteidigt werden konnte: Denn jenseits des Flusses ragt ein steiler Berghang auf, von dem ein feindlicher Pfeilhagel leicht jeden Teil des weitläufig ausgebreiteten Fürstensitzes treffen konnte. Und im Westen stieg das Terrain sanft empor bis zu einem modernen Griechendorf, dessen Name Forteza seinen Ursprung als venezianisches Fort kundtut. Von solchen Befestigungen hatten die Erbauer von Knossos sich nichts träumen lassen, ihnen drohte offenbar zu Lande keine Gefahr, und zur See beschützte sie die Thalassokratie des Minos, seine beherrschende Flotte, unterstützt von der Unzugänglichkeit der meisten kretischen Küstenstriche. So hatte sich ihre Residenz jahrhundertelang friedlich ausdehnen und verschönen können.

Doch davon war im Frühjahr 1900 noch keine Rede, erst spätere Ausgrabungscampagnen sollten es lehren. Zunächst empfingen uns freundlich und freudig die beiden Archäologen, deren Namen immer ruhmvoll mit Knossos verknüpft bleiben werden: der behände Welshman Evans, dessen schwarzes Haar und leidenschaftliche Elastizität seine Heimat sofort verrieten, und sein Adlatus, Duncan Mackenzie, hochgebaut und stark, mit den ruhigen, fast steifen Bewegungen und dem ernsten Gesicht, um dessen Mund doch ein humorvolles Lächeln spielen konnte, mit den großen Zügen und klaren blauen Augen des Schotten vom hohen Norden seines Landes: ein Paar, das in der gemeinsamen Hingabe an seine große Aufgabe, seinen Ähnlichkeiten wie seinen Gegensätzen sich wunderbar ergänzte. Sie führten uns gleich in den Palast und begannen damit, uns die Stelle zu zeigen, wo ein paar Jahrzehnte zuvor, 1878, der Kreter Minos Kalokairinos, für die Vorzeit seiner Heimatinsel begeistert, eine kleine Grabung unternommen und zwei Vorratskammern voll mächtiger Pithoi an der Westseite des Palastes freigelegt hatte. Es sei also keine Kunst gewesen, den Spaten an richtiger Stelle anzusetzen, erklärte Evans mit charakteristischem Sinn für Fairplay gegen den bescheidenen Vorgänger.

Aber welche Wunderwelt hatte sich schon in der ersten Campagne aufgetan. Ein ganzes Viertel des Erdgeschosses war freigelegt, ein halbes Hundert meist enger und niedriger Kammern, auf beiden Seiten eines breiteren Mittelganges aneinandergereiht, nach Westen gegen einen großen gepflasterten Platz abgeschlossen, nach Osten auf den mächtigen rechteckigen Mittelhof, das Herz des weitläufigen Palastes, geöffnet. Nur das Kellergeschoss, aber dieses sehr gut erhalten, mit dem oberen Abschluss der meisten Mauern, auf denen häufig noch Schwellsteine und Türpfosten die Rekonstruktion der einst darüberliegenden Staatsgemächer erlaubten, war entdeckt. Es war eine ungewöhnlich leichte Ausgrabung gewesen, denn nach der endgiltigen Zerstörung des Palastkomplexes, gegen Ende der minoischen Zeit, etwa im 11. Jahrhundert, war das Gelände nicht mehr bebaut worden. Offenbar haftete eine abergläubische Scheu an der Stätte des Prachtbaus mit seinen Hunderten von Sälen und Kammern, Gängen, Hallen und Treppen, sie mochten den viel ärmeren und primitiveren Bewohnern Kretas während der folgenden Jahrhunderte unerklärlich, geheimnisvoll und unheimlich erschienen sein. Der Name Labyrinth, den sie dieser Stätte gaben, ist durchaus zutreffend gewählt und das Wort im heutigen Sprachgebrauch ja noch immer üblich für ein Wirrsal, aus dem man den Ausweg nur mühevoll findet. Scheu scheint auch aus dem Namen zu sprechen, den noch 1900 der Palasthügel im Volksmunde führte: Tou Tselebi i kephala, die Kuppe des Herrn (Gottes). Und so hatte sich in fast zwei Jahrtausenden der Staub über den Ruinen, immer wieder von heftigen Winterstürmen verweht, zu einer Schicht von weniger als einem Meter verdichten können, eine für Ausgrabungen ideale Situation. Die jüngste Bauperiode des Palastes hat Evans treffend »teilweise Wiederbesiedlung« (etwa 13.–11. Jahrhundert v. Chr.) genannt. Darunter reichte der Bauschutt in zahlreichen durch Versuchsschachte ermittelten Schichten noch zwölf Meter tief bis zum gewachsenen Boden hinab. Dort unten waren im 4./3. Jahrtausend primitive Hütten und über ihnen einfache Häuschen der kretischen Urbevölkerung aus der jüngeren Steinzeit gebaut, zerstört und immer neu errichtet worden, lange vor dem Erscheinen der minoischen Kultur im Verlaufe des 3. Jahrtausends.

Dies alles erklärte uns Arthur Evans in seiner lebendigen Art und baute vor uns das Gerüst der drei großen Perioden des Früh-, Mittel- und Spätminoischen mit ihren drei Unterabteilungen auf: das Kreta des 3. und 2. Jahrtausends. Und Mackenzie gab bedächtige Erläuterungen dazu. So wurden wir, etwas benommen von dieser neu erstandenen Märchenwelt, durch die zunächst wirklich labyrinthisch anmutenden Kammern zu dem glänzendsten Ergebnis dieser ersten knossischen Campagne geführt: dem Thronsaal. Er wirkte doppelt imponierend nach dem Wirrsal der eben durchschrittenen kleinen Gelasse. Am nördlichen Ende der Westseite des großen Mittelhofes öffnete sich eine breite Vorhalle, von der drei Türen in ein Vorzimmer und drei weitere in den eigentlichen Thronraum führten: Das war ein wirklicher Saal von eindrucksvollen Abmessungen, auch höher als die sonstigen Räume dieses Kellerviertels, in dem man einen Thronsaal am wenigsten erwartete, ebenso wenig wie den aus einem einzigen Alabasterblock gefertigten Thronsessel mit seiner hohen, merkwürdig ungriechisch gewellten Lehne. Auf Kreta ersetzte damals dieser glänzend polierte weiße Gipsstein den fehlenden Marmor. Er ist viel leichter zu bearbeiten, aber auch wesentlich weniger wetterbeständig. Wie gut das zu dem ganzen Charakter der minoischen Kunst passte, sollten wir immer klarer erkennen, und auch warum die nachminoischen, rein hellenischen Bewohner Kretas diesen Stein verschmähten. Die Wände des Thronsaales waren in Freskotechnik leuchtend rot und blau bemalt; von diesem Hintergrund hoben sich elfenbeinfarbig zwei gewaltige liegende Greifen ab, einer jederseits des Thrones, Wächter der Majestät des Herrschers, der hier fremde Abgesandte empfangen haben mochte. Nach unserer Kenntnis mykenischer Kunstentwicklung gehörten diese Fresken zweifellos in die minoische Spätzeit, etwa in das späte 15. Jahrhundert. Wenn der König hier thronte, schaute er auf ein vertieftes Gelass an der Südwand des Saales, zu dem Stufen hinabführten. Zwei stämmige Säulen aus Cypressenholz trugen einst hier die Decke; sie standen auf einer halbhohen steinernen Brüstung, in der ebenfalls von Mykene her vertrauten ungriechischen, sich nach unten verjüngenden Form, während das Kapitell wie ein Vorläufer des Dorischen erschien. Ebenso ungriechisch wirkten die flachen kreisrunden Höhlungen auf der Brüstung, in die einst ihre Schäfte eingepasst waren. Hier im Thronsaal waren die Säulen im Laufe von mehr als zwei Jahrtausenden verkohlt, was ebenso durch Brand wie durch allmähliche Verwitterung geschehen sein konnte. Von der roten und schwarzen Bemalung waren daher nur geringe Spuren erhalten. Aber in den folgenden Campagnen sind mehrfach noch völlig erhaltene Säulen zutage gekommen. Das vertiefte Gelass zeigt keinen Abfluss, kann also kein Badezimmer gewesen sein, wie man zuerst meinte; es diente wohl dem Kult von Unterweltgottheiten, die offenbar in der minoischen Religion eine große Rolle spielten.

Aus dem Thronsaal kommend, schritten wir über den großen Hof. Hier harrten auf den drei noch nicht ausgegrabenen Seiten vielversprechende Reste der Freilegung. Zum Schluss besuchten wir noch einmal den Außenhof, der sich fast ohne feste Grenzen im Gelände verlor, während die Westwand des Palastes schon klar in ihrer unteren Hälfte vor uns stand: wieder ganz ungriechisch unregelmäßig, mit vorspringenden und zurücktretenden kurzen Strecken; auf niedrigen Fußbodenplatten hohe, aufrechte Blöcke graubraunen Kalksteins, den Orthostaten einer griechischen Mauer entsprechend, darüber Wände aus Bruchsteinen in Lehmverband, die einst mit bemaltem Stuck verkleidet waren. Die Basen von zwei Altären lagen noch vor Mauernischen, einfache, niedrige Kalksteinblöcke, deren verschwundene Oberbauten spätere Funde zeigen sollten.

Für mich war das wertvollste Ergebnis dieser Stunden der Beginn einer Freundschaft mit den beiden Forschern und ihrem Architekten Theodore Fyfe, die sich in den folgenden Jahren ständig vertiefen und sogar den Ersten Weltkrieg überdauern sollte. Zunächst bin ich im Frühjahr 1901 allein zurückgekehrt und durfte als Gast ein paar Wochen an einer der ergebnisreichsten Campagnen teilnehmen. Mit seiner gewohnten Generosität stellte mir Evans die Notizen und Aufnahmen mehrjähriger Erforschung der großen Insel zur

Verfügung, sodass ich im Hochsommer mit zwei Freunden die ganze östliche Hälfte Kretas, langsam von Ort zu Ort reitend und wandernd, kennenlernen und vor allem neue verblüffende Entdeckungen miterleben konnte: die erste große Campagne der Italiener in Phaistos, zehn Wegstunden südlich von Knossos, und die Anfänge der amerikanischen Arbeiten in einem minoischen Landstädtchen beim modernen Dorfe Gurnia, im Osten der Insel. Auch hier bahnten sich Freundschaften an, die Jahrzehnte währen und erst dem Tod weichen sollten. Mit Recht hat man oft die völkerverbindende Kraft der Archäologie gerühmt.

Im sommerlichen Morgenlicht ritten wir damals nach Westen, zunächst noch auf einer Straße, die einige Meilen rascherer Gangart erlaubte. Für Forschungsreisen gibt es kein Fahrzeug, das sich mit einem guten Pferd messen könnte. Man sitzt gerade hoch genug, um die Landschaft ringsum bequem zu überschauen, kann jederzeit anhalten, um Kompass und Barometer abzulesen, Notizen oder Momentaufnahmen zu machen, abzusteigen und etwas aus der Nähe zu betrachten. Dazu kommt der stete Genuss des Einvernehmens mit dem Pferd. Im Gegensatz zu den meist minderwertigen Reittieren auf dem griechischen Festland waren auf Kreta aus der gerade erst glücklich beendeten Türkenzeit noch nette, gut genährte anatolische Pferdchen zu haben, die auf ebenen Strecken vergnügt trabten oder in kurzem Galopp gingen, in felsigem, fast weglosem Gelände sich so geschickt wie Maultiere benahmen. Unser Führer, der schnauzbärtige Kapetan Matthio, ein Haudegen aus den unvergessenen Aufständen der griechischen Kreter gegen ihre türkischen Herren, ritt eine hohe Stute, der ihr Füllen frei folgte, und würzte Ruhestunden mit großartigen Schilderungen seiner Heldentaten, die er aber auch selbst nicht so ganz zu glauben schien. Stunde um Stunde führten die breiten Schleifen der Straße in sanfter Steigung südwärts über

Hügel und allmählich schroffer werdende Hänge bis zu den nördlichen Ausläufern der Ida-Gruppe empor, deren Majestät von Norden noch nicht voll in Erscheinung tritt. Um Mittag rasteten wir beim Dorfe Hagia Warwara auf einem steinigen Hochplateau. Als wir dessen Südrand erreichten, öffnete sich völlig unerwartet eine neue Welt: Tief unter uns breitete sich weithin eine fruchtbare Ebene, über eine sie südlich begrenzende Bergkette hinweg sah man hie und da blaues Meer. Gerade vor uns lag dort unten ein stattliches Dorf inmitten von Feldern und Ölbäumen, zwischen ihnen an mehreren Stellen antike Ruinen, Reste des alten Gortyn, das in römischer Zeit Hauptstadt von Kreta war. Zu beiden Seiten der lang gestreckten Ebene, deren Name Messara die Mitte der ganzen Insel bezeichnet, erhoben sich mäßige Höhenzüge. Der westlichste, das wussten wir, hatte einst die uralte Stadt Phaistos getragen, wo seit Kurzem italienische Kollegen gruben.

Aber zunächst ging es an der Felswand in langen Kehren eines engen Pfades hinab nach Gortyn. Dort erwartete uns zwar nichts Minoisches, wohl aber die Ruine des archaischen Apollontempels, in dessen zur Römerzeit angebauten Apsis damals noch die kolossale Marmorstatue des Gottes stand. Italienische Ausgrabungen hatten sie mehrere Jahre zuvor freigelegt und aufgerichtet, ebenso einige andere Gebäude, vor allem das berühmte »Recht von Gortyn«, das Federico Halbherr und unabhängig von ihm Ernst Fabricius 1889 entdeckten: eine riesige Inschrift, die in Lettern des 5. Jahrhunderts v. Chr. eine ganze Wand des alten Rathauses füllt. Unser Gastfreund in Gortyn, ein älterer Mann in der kleidsamen Landestracht, hatte auch den Kyrios Ernestos beherbergt und wusste viel von ihm zu erzählen. Die Gastfreundschaft griechischer Bauern gleicht ganz der homerischen, und wenn ein Fremder ihrer wert war, lebt sein Andenken noch jahrzehntelang fort. Das galt auch von dem freundlichen Bischof des Städtchens, den wir bei der Pflege seiner Reben, im Weinberg des Herrn, wie er sagte, fanden. Auch von den erstaunlichen Funden in Phaistos sprach jedermann in Gortyn, sie sollten selbst Knossos in den Schatten stellen. Voll freudiger Erwartung ritten wir tags darauf über die fruchtbare Ebene nach Westen, rechts von uns immer die großartige Felsenkuppe des Ida vor Augen, bis uns am Fuße des Burgberges von Phaistos die italienischen Archäologen in ihrem bescheidenen Zeltlager gastlich willkommen hießen.

Federico Halbherr, ein hochgewachsener Mann in den besten Jahren, aus Südtirol nach Rom gelangt, war in der Messara zu einer halb legendären Gestalt geworden, seitdem er ein paar Jahrzehnte zuvor, 1884, die italienische Forschertätigkeit auf Kreta begründet und ausgebaut hatte. Nicht bloß seine unermüdliche Tatkraft und die in jenen unruhigen Zeiten sehr nötige Unerschrockenheit hatten ihn berühmt gemacht, sondern auch sein Hengst, ein prachtvoller Rappe, von dem man Wunderdinge erzählte. Einmal soll er seinen Herrn in vier Stunden von Candia nach Phaistos getragen haben, wozu man sonst zehn Stunden brauchte, sodass Halbherr am Samstagabend noch mit dem Wochenlohn für die Arbeiter zurechtkam. Er brauste auch schon am Morgen nach unserer Ankunft wieder davon, hinterließ uns aber seinen Schüler Luigi Pernier, einen rundlichen bescheidenen jungen Mann, der sich in Phaistos seine Sporen verdient hat.

Erfüllt von unserer Reise sind wir damals nach Candia zurückgekehrt. Meine Gefährten fuhren weiter nach Athen, ich durfte noch wochenlang als Gast an den Grabungen in Knossos teilnehmen, die fast täglich wichtige Funde und spannende Probleme brachten. Diese Wochen des täglichen Verkehrs mit den Ausgräbern und jährliche Besuche in der Folgezeit, von 1906 bis 1914, haben mich mit dem Knossos jener fruchtbarsten Grabungsperiode wohl vertrauter gemacht als andere etwa noch überlebende Fachgenossen jener Zeit, vertrauter auch mit den damals immer schwieriger werdenden Problemen des Schutzes und des unerlässlichen teilweisen Wiederaufbaus der von Jahr zu Jahr sich mehrenden Ruinen. Mit einem von Sachkenntnis unbeschwerten Urteil haben viele Besucher von Knossos die »unnötigen, zumindest weit übertriebenen Aufbauten, die aus der ehrwürdigen Stätte eine Art Kinodekoration machen« verurteilt. Ich bin wohl der Letzte, der noch weiß, welches Kopfzerbrechen jede neue Phase der Ausgrabung brachte, weil die Ruinen so viel verletzbarer waren als fast überall sonst in Griechenland.

Da waren die vier oder fünf Stockwerke der säulengetragenen Haupttreppe des Wohntraktes der Herrscherfamilie. Die Säulen und ihre »urdorischen« Kapitelle bestanden aus Holz, das im Laufe von zwei Jahrtausenden verkohlt war. Unmittelbar nach ihrer Befreiung von dem sie beschützenden Schutt zerfielen sie, und in jener Frühzeit der Konservierungskunst wusste man in Griechenland noch wenig von den heute üblichen Techniken, vollends nicht auf Kreta. Dass Evans, wenigstens für die Fresken, alsbald einen bewährten Fachmann, Noel Heaton, aus England berief, war damals schon eine unerhörte Neuerung. Dass er noch im ersten Jahre der Grabung im großen Treppenhaus Schutzdächer und Ersatzsäulen aus Holz anbringen ließ, war gewiss richtig, aber niemand konnte wissen, dass ihr Material den rauen kretischen Wintern und ihrem raschen Wechsel zu oft tropischen Sommern nicht gewachsen war und mit großen Schwierigkeiten und Kosten durch neue Betonbauten ersetzt werden musste. Ein anderes Beispiel: Das kostbarste Baumaterial auf dem marmorarmen Kreta, der glänzend weiße Alabaster oder Gipsstein, verwittert und zerspringt sehr rasch unter den Einwirkungen von Regen und heißer Sonne. Darum haben ihn minoische Baumeister fast nur im Innern der Bauten verwendet. An den Ruinen machte dies weitere umfangreiche Überdachungen notwendig. Bisweilen mag des Guten zu viel geschehen sein, wie ja wohl bei fast allen über mehrere Jahre sich hinziehenden Restaurierungen. Im Ganzen kann ich versichern, dass diese Arbeiten ein besonderes Verdienst darstellen, das sich Evans um sein geliebtes Knossos erworben hat. Ohne sie wäre der Palast mit seiner Umgebung heute ein wüster Trümmerhaufen, anstatt ein unschätzbares wiedergewonnenes Beispiel minoischer Baukunst zu bleiben. Das ist durch die etwas theatralische Wirkung mancher Teile nicht zu teuer erkauft, schon darum nicht, weil der Gegensatz der in ihrem tiefsten Wesen malerischen minoischen Kunst zur plastischen griechischen nur auf diese Weise zu unmittelbarer Anschauung gelangt.

Es war überhaupt ein entscheidendes Glück für Knossos, dass die Ausgrabung in den Händen eines reichen und uneigennützig generösen, genialen Mannes lag, der in ihr sein Lebenswerk sah und ihm seine besten Mitarbeiter durch eine lange Kette von Jahren unabgelenkt erhalten konnte. Da ich Kreta im Sommer 1936 zum letzten Male besucht habe, kenne ich die Schäden nicht, welche die deutsche Besatzung im Zweiten Weltkrieg gebracht haben mag, vor allem für Knossos, wo ein General in Evans' Villa residierte. Indessen scheint er mit größter Rücksicht gewaltet zu haben, wie mir Augenzeugen berichten und der Engländer Leonard Cottrell in seinem anregenden Buch *The Bull of Minos* bestätigt. Dem Museum von Candia ist es keineswegs so gut ergangen: Die deutschen Truppen benutzten es nacheinander als Magazin für Kriegsmaterial, Lazarett, Laboratorium für chemische Kriegführung, Lager für italienische Kriegsgefangene und befestigten Stützpunkt, mit Schießscharten für Maschinengewehre, und umgaben es mit einem Drahtverhau. Ohne die weise Fürsorge des Direktors N. Platon, dem es gelang, den unter einer fünfzehn Zoll starken Betondecke verborgenen Inhalt des Museums vor den Eroberern geheim zu halten, wären seine einzigartigen Schätze verloren gewesen. Erwähnen möchte ich noch, dass das Fehlen ausgedehnter moderner Aufbauten in anderen minoischen Palästen nicht bloß auf größerer Zurückhaltung der Ausgräber oder beschränkteren Mitteln beruhte, sondern auf dem ganz anders gearteten Erhaltungszustand der Ruinen. In Phaistos, Hagia Triada, Mallia sind die Paläste nach ihrer Zerstörung von späteren Bewohnern überbaut worden. Nur in Knossos, wo vom 12. oder 11. Jahrhundert v. Chr. bis 1900 eine schützende Schuttschicht über den Ruinen lag, ländlicher Aberglaube sogar Raubgräber abschreckte, war die Erhaltung der Bauwerke so einzigartig, dass auch ein nirgendwo anders gebotener sofortiger Schutz unerlässlich wurde.

Knossos und Arthur Evans bilden eine untrennbare Einheit zwischen dem Archäologen und seinem Arbeitsgebiet. Ohne Evans wäre Knossos, wenn ein anderer dort gegraben hätte, ein Trümmerhaufen, ohne Knossos hätte Evans nie die Krönung seines Forscherlebens gefunden. Es hat ihm während vierzig Jahren des Strebens und der Erfüllung wunderbare Entdeckungen gebracht, in der stets erneuten Fürsorge für die gefährdeten Ruinen schwierige Probleme geboten, den Stolz des Wiederaufbaus und die nach Jahrzehnten unermüdlicher Anstrengung glückliche Vollendung der monumentalen Publikation. 1894 hatte er Knossos zum ersten Male betreten, 1900 seine Grabungen begonnen, 1936 war der letzte Band seines *Palace of Minos* erschienen, des Riesenwerkes, das er im vollsten Sinne des Wortes allein bestritten hatte. Neunzigjährig ist er 1941 mitten im sinnlosesten Kriege unserer Zeit verschieden, von der Sorge um das vom Feind beherrschte Knossos bedrückt und ohne das Rätsel der minoischen Bilderschrift gelöst zu haben, das ihn einst nach Kreta geführt hatte. Die Entzifferung sollte erst über ein Jahrzehnt später gelingen. Aber trotz seinem traurigen Ausklang war dieses lange Leben schön und ausgefüllt. Sein Vater, Sir John Evans, einer der Begründer prähistorischer Forschung in England, hatte dem Sohn wissenschaftliches Streben, Sammlerleidenschaft und reiche Mittel vererbt. In dem selbstverständlichen Sicherheitsbewusstsein des Viktorianischen Zeitalters standen dem jungen Engländer alle Wege offen, und er hat seine Bahn stürmisch und kampfbereit durchmessen, in manchem seinem größten Landsmann Winston Churchill vergleichbar. Als reifer Mann, frei und reich, war Evans bereit, sich ganz der Lösung des Problems zu widmen, das ihn seit Langem beschäftigte: die Schrift zu entdecken, die nach seiner Überzeugung schon Jahrhunderte vor Homer in Griechenland im Gebrauch gewesen sein musste. Wenige Wochen nach dem ersten Spatenstich in Knossos war durch den Fund minoischer Schrifttäfelchen dieses Problem wider Erwarten rasch gelöst: Kein Wunder, dass Evans' Herz sofort dieser Stätte gehörte.

Der Ring des Lebens und die Macht der Göttin

Arthur Evans

Das Feld der Darstellung ist durch den Stamm und die sich horizontal ausstreckenden Äste eines alten, knorrigen, blattlosen Baumes in verschiedene Bereiche unterteilt. Der Baum steht mit sich ausbreitenden Wurzeln auf der Spitze einer Anhöhe oder Hügelgruppe. Die Szenen, die seine Zweige voneinander abtrennen, gehören in Wirklichkeit nicht der irdischen Sphäre, sondern der minoischen Nachwelt an.

Oben links: In dieser ersten Abteilung dieses Baumes erkennt man die minoische Göttin, die in angeregter Unterhaltung mit ihrem Geliebten zusammensitzt, während über ihrem Kopf zwei Schmetterlinge flattern. Die symbolische Bedeutung dieser Insekten wird noch durch die Erscheinung zweier kleiner Gegenstände über ihnen betont. Sie haben Köpfe und hakenähnliche Gebilde seitwärts und lassen sich von daher als die Puppen von Schmetterlingen identifizieren. Wenn auf diese Weise zwei Lebensstadien der Schmetterlinge abgebildet werden, so verweist das auf das Weiterleben des menschlichen Geistes nach dem Tod. Die Schmetterlinge beziehen sich aber auch auf die beiden jugendlichen Gestalten in ihrer Nähe und sind damit Symbole für deren Erfüllung mit neuem Leben.

Der junge Mann mit langen minoischen Locken steht hinter der Göttin und hebt seinen rechten Arm, während das junge Mädchen in kurzem Rock, das ihm gegenübersteht und dem Baumstamm seinen Rücken zuwendet, sein Erstaunen über das Zusammentreffen damit zum Ausdruck bringt, dass es mit beiden Armen gestikuliert.

Wir sehen hier, wiedervereinigt durch die Leben spendende Macht der Göttin, symbolisiert durch die Schmetterlinge, ein junges Paar, das durch den Tod getrennt worden ist. Dieses Treffen kann im Zusammenhang mit der Initiationsszene, die darunter abgebildet wird, als eine von nun an ewig währende Wiedervereinigung eines verheirateten Paares im Land der Seligen aufgefasst werden.

Oben rechts: In dem angrenzenden Bildfeld rechts vom Stamm sitzt der heilige Löwe der Göttin in einer Haltung von wachsamer Entspanntheit auf einer Art Bank, umgeben von zwei mädchenhaften Gestalten (allerdings in Männerkleidung), in denen wir die Verkörperung der häufig zusammen mit ihr abgebildeten beiden Dienerinnen der Göttin erkennen. Der Löwe der Göttin bewacht das unter ihm dargestellte Reich. Der religiöse Charakter der Szene wird noch unterstrichen durch eine Ranke des »heiligen Efeus«, die am Baumstamm wächst. (Diese Pflanze, deren Sprossen aus dem Baum der Welt hervorwachsen, spendet Schatten für den Wächter in Löwengestalt.)

Unten links und rechts: In den unteren Bildabschnitten auf beiden Seiten des Stammes, unter den sich ausbreitenden Zweigen, entfaltet sich eine fortlaufende Szene, die insgesamt die Prüfung jener Menschen darstellt, die die Halle der Gerechten im Gericht der Greifen betreten. Im linken Bildteil erscheint das junge Paar wieder, das tanzend auftritt und von einer Greifenfrau angelockt wird, während rechts vom Stamm eine andere Frau einen Jungen als bösen Eindringling abweist. Zwei weitere Greifendamen, gekleidet in die kurzen Röcke dieser Zeit um 1550 v. Chr., die Hände in Anbetung gehoben, geleiten die Prozession zu jener Gestalt hin, die dem Gerichtshof vorsitzt. Dies ist ein geflügelter Greif mit dem Federschmuck eines Pfaues, der auf einem hohen Stuhl oder Thron sitzt, hinter sich eine weibliche Person, in der wir wiederum die Göttin erkennen.

Eine hervorstechende Eigenschaft des Greifen, sein Adlerkopf verweist auf seine Herkunft aus Kreta, sind seine durchdringenden Augen, die ihn hier als obersten Richter ausweisen. Darunter, auf dem Hügel am Fuße des Baumes zwischen sprossenden Gräsern und Kräutern, sitzt ein hundeähnliches Ungeheuer, ein Vorläufer des Zerberus, der aber auch mit dem fürchterlichen Drachen Nidhoger am Fuße des Baumes Yggdrasil eine gewisse Ähnlichkeit hat.

Mein Rethymno – Chronik einer Stadt

Pandelis Prevelakis

Rethymno ist eine kleine Stadt von sieben- bis achttausend Seelen, erbaut am Ufer des Meeres, an der Nordküste von Kreta, auf halbem Wege zwischen Chania und Megalokastro. Es heißt, sie habe in vergangenen Zeiten in der Welt einen Namen gehabt durch ihren Handel, sich hervorgetan in der Kunst der Seefahrt und sogar einige gute Dichter und Maler hervorgebracht, die immer vonnöten sind, um den Ruf eines Ortes unzerstörbar zu bewahren, wenn seine Märkte verstummen und seine Schiffswerften verfallen und seine besten Söhne auf und davon fliegen. Außerdem heißt es – und das ist etwas, was sich auch heute noch feststellen lässt –, dass die Bürger von Rethymno gutherzige Menschen sind, zurückhaltend und zugleich stolz, wohlbelesen und wohlgesittet, kurz, eine erwünschte und rare Spezies auf dieser zu Unruhen neigenden Insel.

Die Stadt rückte nur sehr behutsam vom Meeresrand ins Innere vor, als scheute sie davor zurück, sich zu weit auszudehnen, und so blieb sie zehn oder zwölf oder auch noch mehr Jahrhunderte hindurch klein und geschlossen, wie eine träge Bestie, die ihre Füße im Wasser hat, aber nicht das Herz, sie ein Stück weiterzusetzen. Von dem Tag an, da die Venezianer sie an der Landseite mit einer Stadtmauer umgaben – zur selben Zeit, als sie auch die Seefeste, die Fortezza, erbauten –, war vollends jede Ausweitung unmöglich geworden und die Stadt dazu verurteilt, in der Feuchtigkeit, die sich ansammelte, vor sich hin zu modern, so wie sie gebaut war mit dem Blick gen Norden. Erst als zu unserer Zeit der eine oder andere ihrer führenden Männer ein Stück jener Mauern einzureißen wagte, ergoss sich Rethymno, dürstend nach Raum und frischer Luft, in die ebenen Felder und begann sich rings die Hänge hinaufzuziehen. Der erste Mensch, der hier Wurzel schlug und gewissermaßen in der Wildnis die Stadt ansäte, muss ein Mann von Verstand gewesen sein, vielleicht auch weit gereist, da er auf Gottes freiem Acker den Platz für seine Hütte so gut zu wählen wusste. Ein Strand, rein und breit, mit feinem weißem Sand, beginnt beim Osttor von Rethymno und zieht sich, geradezu wie eine Landstraße, in Richtung auf den Hauptort der Insel hin, Megalokastro. Auf der anderen Seite, wo es nach Chania geht, lässt eine bleifarbene Felswand (ein Anblick zum Fürchten) ihre Brocken bis an den Fuß der Hafenmauer hinabrollen. Rethymno ist genau auf der Grenze zwischen der sanften und der wilden Küste erbaut. An die wilde Seite zieht es dich zur Winterszeit, den Kampf des tosenden Meeres mit den Felsen zu bewundern, die wie Bastionen dastehen, um die Stadt bis in alle Ewigkeit zu beschirmen. Die sanfte Küste hat dir, in der guten Jahreszeit, ihren Sandstrand hingebreitet und den Saum der darauf auslaufenden Wellen, auf dass du kommst und sorglos dahingehst wie der Gerechte auf den Wiesen des Paradieses.

Viele von den Einheimischen, aber auch von den Besuchern, lieben es, oben in der Fortezza umherzuschlendern und hinunterzuschauen aufs Meer, auf die Stadt und ihre Gärten. Eine Art Sorglosigkeit überkommt jeden hier oben, die Frische kühlt ihm die Augen, und er empfindet Stolz bei den Erinnerungen, die da in ihm wach werden. Denn jede einzelne von den Schießscharten, den Pechnasen und den Zinnen gemahnt ihn an einen Vorfall aus den vergangenen Kriegen, stets ruhmreich für die Männer der Stadt und demütigend für die raubgierigen Fremden. Und ebenso wie die Großtaten der vergangenen Geschlechter wird ihn der Rundblick über die Stadt bewegen, mit ihren wohlbestellten Häusern und den schön geschwungenen Straßen, den Kirchen, den Moscheen und den anderen eindrucksvollen Bauten und ringsherum den Gärten und den Friedhöfen, die nicht weniger grün sind als die Gärten.

Allein, wenn ich einem Spaziergänger meinen Rat zu geben hätte, wohin er gehen solle, um seine Sorgen zu vergessen, würde ich meine Hand ausstrecken und ihm jenen unermesslichen Strand zeigen. Denn – so scheint mir – mit der Historie der Stadt und den anderen Geschichten, die das Blut rascher kreisen lassen, und mit dem Anblick der Stadt von hoch oben sind und bleiben wir doch unserer Zeit verhaftet. Die Wohltat der Einsamkeit ist etwas ganz anderes. Schritt für Schritt fällt die zähe Staubschicht, die sich in uns abgelagert hat, von uns ab, und die Seele entledigt sich allmählich ihrer Hüllen, wie das Schwert, das langsam aus seiner Scheide gezogen wird. Und das ist dann der Augenblick, in dem wir eine Stimme hören in unserem Inneren, die dem Meer antwortet und dem Wind und dem Himmel und allen den alltäglichen und ewigen Dingen. Und wir spüren das Wasser, das uns willkommen heißt, indem es uns die Füße netzt, und den Sand, der uns die Fußsohlen durchknetet, und die Wolken, die uns grüßen, hoch oben am transparenten Himmel aufgehängt. Und all das ist ein einfacher, aber machtvoller Zauber und seine Süße eine unfassliche Gabe, sie wird uns niemals mehr verloren gehen, meinen wir. Und wenn es der Zufall will, dass uns die Gegenwart des Menschen aus unserer Versunkenheit reißt, dann wird auch sie sich harmonisch zu allem Übrigen fügen, keine Sorge! Es wird ein Ruderer sein, der aus seiner Barke zu uns hinübersingt, oder ein Fischer, der uns entgegenkommt, barfuß auch er auf dem abendlichen Strand, mit der Sonne im Rücken, die ihm den Kopf rings vergoldet und seine Fersen bei jedem Schritt aufglänzen lässt, rot und rund wie Äpfel.

Auf unserem Rückweg wird die Stadt mit den Lichtern der Nacht leuchten, die würzigen Gerüche aus den Küchen werden die Luft durchziehen, und eine Sanftmut wird uns erfüllen, als hätte ein geruhsamer Ochse auf der Heimkehr vom Feld unseren Weg gekreuzt. Das ist dann für ein mitfühlendes Herz die Stunde, sich Rethymno und seinen Bürgern, denen von heut wie denen von einst, zuzuwenden und ihr Geschick zu überdenken.

Abschied von den Türken

Die Türken – das wissen zwar die meisten, aber ich will die Dinge der Reihe nach behandeln – fielen vor ungefähr dreihundert Jahren in Kreta ein und vergossen Ströme von Blut, bis sie die Venezianer mit dem Schwert besiegten und von der Insel vertrieben. Ich erinnere daran, dass allein die Belagerung von Megalokastro volle zwanzig Jahre gedauert hat. Und auch danach blieben den Türken die Kämpfe mit den Kretern nicht erspart, denn Aufstände hatten wir 1770 unter der Führung von Daskalogiannis, den Katharina von Russland erst ermutigte und dann preisgab und den die Türken bei lebendigem Leib schinden ließen, dann im Jahre 1821, als in den griechischen Freiheitskämpfen Morea und Roumeli das Joch der Sklaverei abschüttelten, im Jahre 1866, als das Kloster Arkadi abbrannte, im Jahre 1878, im Jahre 1896 – um von den weiteren Wirren zu schweigen, die auf den Blättern der Geschichte nicht verzeichnet sind. Indessen: Trotz des Blutvergießens und der hartnäckigen Feindschaft vergaßen die Türken von Generation zu Generation immer mehr, dass sie als Räuber in ein fremdes Land eingefallen waren; nach und nach betrachteten sie es als ihr eigenes und liebten es wie ihr eigenes. »Auch ich bin Kreter bis ins Mark!«, habe ich oft und oft einen Turkokreter zu einem Christen sagen hören. Andererseits hegten die meisten von uns Jüngeren, die wir nach dem Jahr neunundneunzig, dem Friedensschluss mit den Türken, flügge geworden waren, keinen Hass gegen die Andersgläubigen, sosehr auch die Älteren, deren Körper noch unverheilte Wunden hatten, ihn schürten.

Bei der Zerstörung Smyrnas erfüllte Jubel die Herzen der Türken, nach außen aber zeigten sie nichts davon, und später, als die Flüchtlingswelle hereinbrach und wir ihnen die meisten ihrer Moscheen nahmen, um die Unbehausten unterzubringen, machten sie gute Miene zum bösen Spiel und ließen keine Klage hören. So verging eine gewisse Zeit, alle glaubten wir, wir hätten die Klippen umschifft, da trifft die bitterböse Nachricht ein, dass Venizelos und Kemal Atatürk vereinbart hätten, die türkische Bevölkerung von Kreta gegen die griechischen Flüchtlinge aus Kleinasien auszutauschen, damit die beiden Völker ein für alle Mal zur Ruhe kämen. Die Leute waren wie gelähmt, als sie es hörten, die Christen ebenso wie die Muselmanen, und der eine fragte den anderen, wie er die Neuigkeit erfahren habe und ob sie wahr sei. Und die einen wie die anderen hielten das Gehörte für unglaubhaft und empfanden das Gleiche wie, sagen wir, das zerstrittene Ehepaar, wenn der Metropolit kommt und die Scheidung ausspricht in einem Augenblick, da die beiden ihren Streit längst vergessen haben.

Man gab den Türken mehrere Monate Frist, um sich vorzubereiten, und setzte den Tag fest, an dem die Schiffe sie abholen sollten. Auf der ganzen Insel lebten, so kann man rechnen, mehr als fünfzigtausend Türken, und unter ihnen hätte man mit Mühe zweihundert gefunden, die bereit waren, in die Fremde zu ziehen. Den Übrigen brach das Herz beim Gedanken, dass sie von dem Boden vertrieben werden sollten, der sie genährt hatte – von Haus und Hof und von ihrem Hab und Gut –, und jedes Einzelnen Überlegungen, was er mitnehmen sollte, drehten sich hilflos im Kreis. Aber was sollte er machen, der Arme, da es ihnen allen erging wie einer Hausfrau in Rethymno, in deren Haus ein Brand ausbrach und die die Bratpfanne ergriff und auf die Straße lief, um sie zu retten, als wäre sie das wertvollste Stück ihres Hausrats. Da waren Türken, die gerade eben ihr Haus gebaut hatten und denen in dem Augenblick, als die Gipser endgültig Feierabend machten, gesagt wurde, sie sollten die Schlüssel an der Tür stecken lassen und abziehen; andere, die in jenem unseligen Jahr die erste Ernte von ihren Ölbäumen erwarteten, und Ölbäume brauchen ja, um heranzuwachsen und Frucht zu tragen, über fünf Jahre; Händler, die gerade die Ware des ganzen Jahres in Empfang genommen hatten und sie jetzt notgedrungen um jeden Preis losschlagen mussten. Eine Vielzahl von Fällen solcher Art ließe sich anführen! Die einen hatten die Weinberge gepflanzt, die anderen würden den Wein trinken.

»Wer Schmerzen leidet, der schreit wie ein Esel.« Man hörte also zum einen das Jammern der Türken, die gezwungen wurden zu gehen, und zum andern das der Flüchtlinge, die sich an die Brust schlugen, weil sie ihr Heim verloren hatten, und fragte sich, was für gottverlassene Unmenschen diejenigen sein müssen, die über das Leiden des Menschen hinweggehen, und was sie dabei zu gewinnen glauben. Es kam der bittere Tag, die Dampfer ankerten draußen, der Stadt gegenüber, und die Türken begannen sich einzuschiffen. Schon am Vorabend hatten sie ihre Sachen zum Hafen gebracht – man kann sich nicht vorstellen, was alles der Unglückselige mit sich nimmt, der das Land für immer verlässt! – und nahmen nun von ihren leeren Häusern Abschied. Aber was dort über sie kam – mein Gott! Irgendein Verrückter hatte die Fensterläden seines Hauses ausgehängt, um auch sie in das fremde Land mitzuschleppen. Das übernahm der eine vom andern wie eine ansteckende Krankheit: Sämtliche Türken fielen über das Holzwerk ihrer Häuser her, warfen die Fenstergitter zu Boden, montierten die Türrahmen ab, rissen die Fußböden heraus – und das alles in einem Anfall von Wut und Raserei, der das Gegenteil zu der Geduld und Vernunft war, die sie bis zu jenem Tage gezeigt hatten. So geriet, von einem Augenblick zum anderen, das Türkenviertel in Aufruhr, es ächzte wie ein Wald, der gefällt wird, es knarrte und krachte, es brüllte wie der Büffel, der geschlachtet wird.

Die Christen bekamen Wind davon, irgendjemand steckte ihnen, die Türken wären im Begriff, Feuer zu legen, und sammelten das Holzwerk von ihren Häusern: Die Lage wurde mit einem Schlag ernst. Die Flüchtlinge, die darauf warteten, dass die Türken endgültig gingen, um ihrerseits einzuziehen, sahen, wie die Häuser mitten im Winter demoliert wurden; sie packten, was sie gerade vor sich fanden, und stürmten erbittert los, um dem Unheil ein Ende zu bereiten. Die Glocken wurden geläutet, das Militär rückte bewaffnet aus, die Dampfer tuteten, die gesamte Stadt war auf den Beinen – es war ein unbeschreiblicher Aufruhr … Dann bildeten die Soldaten einen Sperrkordon um das Türkenviertel, sie besetzten die Zugänge zum Hafen und forderten die Türken auf, einzeln herauszukommen und zu den Booten zu gehen. Eine Zeit verging finster und endlos wie eine Nachtstunde, die Leute wurden ohnmächtig vor Aufregung, schließlich machten die Türken Anstalten, zum Hafen zu gehen. Mit zerrissenen Kleidern traten sie heraus, von ihren Händen tropfte Blut, die Türkinnen hatten ihre Gesichtsschleier weggeworfen. Einzeln hintereinander gingen sie zwischen dem doppelten Kordon der Soldaten hindurch, gleich Dieben, die man auf frischer Tat ertappt hat, mit scheelen Blicken und geröteten Augen, die Lippen vor Wut verbissen. Sie bestiegen die Boote, die Hafenbehörde sorgte für die ordnungsgemäße Verladung ihrer Habe und schickte sie ihnen auf die Dampfer, es wurde Nacht und wurde wieder Tag, und noch immer nahm diese Arbeit kein Ende. Am Mittag des nächsten Tages hörten wir die Dampfer dreimal tuten und das Gerassel der Ankerketten vom Ufer widerhallen. Und dann einen Schrei aus Tausenden von Kehlen, von Männern, von Kindern und Frauen, einen Schrei, den Gott dich niemals zu hören verdammen möge, erbittert, flehend, leidvoll und drohend, den der Wind mitnahm und uns stoßweise zutrug ... Und so schieden wir von den Türken.

Wie es bei Bränden und Schiffskatastrophen geschieht, dass sich immer ein Glücklicher findet, der vor dem Untergang bewahrt bleibt, so auch hier. Die Stunde des Unheils ließ es geschehen, dass ihm ein paar Türken entgingen, die bei uns zurückblieben. Unter ihnen war eine Familie, drei Mädchen und ihr Vater – Chasinis nannten sie ihn griechisch; er war ein kampfbewährter alter Partisan, der beim Aufstand von 1896 Seite an Seite mit den Christen gekämpft hatte, weil er – ich weiß nicht, aus welchem Grunde – einen Groll gegen sein Volk hegte. Seit damals lebte er wie ein Grieche, aber in den Papieren hatten sie ihn nicht als einen von uns eingetragen, und so fehlte nicht viel, und er wäre auch vertrieben worden. Doch da griff der Metropolit ein, er erhob ein großes Geschrei, dass niemand das Recht habe, eine Seele des Heils zu berauben, kurz und gut, es wurde bestimmt, dass Chasinis mit seinen Töchtern ins Kloster Varadi gehen und ins Taufbecken steigen solle. Sie traten am Tag vor Jesu Verklärung ein, an dem das Kloster seinen besonderen Feiertag begeht und sich das Volk aus den umliegenden Dörfern dort versammelt, und die Mönche hatten die vierfache Taufe vorbereitet, hatten wahrhaftig die großen Kerzen aus der Stadt geholt, sogar ein noch unbenutztes großes tönernes Ölgefäß, um die Täuflinge darin unterzutauchen, und drei Hemden, um die Frauenzimmer damit zu bekleiden. Alles ging, wie es sich gehört, als die Leute plötzlich Geschrei hörten und erfuhren, dass der Mönch, der in der nächsten Woche die Gottesdienste abzuhalten hatte, sie schon von diesem Tag an übernehmen wollte, die anderen Mönche das übel nahmen und ein Handgemenge entstanden war. An diesem Vorfall scheiterte das Fest, für die Taufen wurde vom Abt der älteste der Brüder ausersehen, und die Taufen wurden am folgenden Tag in einer abgelegenen Kapelle vollzogen, ohne andere Zeugen als diesen Mönch und den Abt.

Zu den Zurückgebliebenen gehörte auch die Badefrau im türkischen Bad, dem Hamam, deren Geschichte wahrhaftigen Gotts nicht ihresgleichen hat. Wie es gekommen war, dass sie in Rethymno lebte, wusste niemand zu sagen, noch hatte je jemand danach gefragt. Und sie selbst machte nie den Mund auf, um darüber zu sprechen, gleichsam als wäre sie stumm. Alle, die häufig in den Hamam gingen, ließen sich von ihr betreuen, ohne dass sie verlangten, von ihr unterhalten zu werden, selbst wenn die Betreuung über das Übliche hinausging, wie einer zu bezeugen wusste, der zu jung geheiratet hatte und überaus regelmäßig im Hamam zu finden war. Höchstens hatte man einmal gelegentlich eines Scherzes sagen hören, dass keine andere Frau so weiße Beine hätte wie sie, aber auch das war nur so dahingeredet. Als die Türken sich für die Ausreise zu rüsten begannen, war auch diese Kyra-Fatima – um sie bei ihrem Namen zu nennen – einige Tage sehr bedrückt. Sie runzelte ihre Stirn vor lauter Nachdenken, doch plötzlich, als wäre sie aus einer tiefen Betäubung erwacht, rieb sie sich gründlich die Augen, stürzte hinaus ans Licht des Tages nach so langen Jahren der Klausur und lief geradenwegs zum französischen Konsulat.

Konsul war damals einer von jenen guten, sanftmütigen und einsichtsvollen Männern, wie sie die alten Patrizierfamilien von Rethymno hervorbringen und bei denen die Jahre offenbar den Verstand schärfen, anstatt ihn abzustumpfen. Er wusste mehr von der Welt als alle zwölf Räte des Königs zusammengenommen und überschaute die Dinge und das menschliche Tun, als wäre alles vom selben Stoff zugeschnitten; und diesen seinen gelassenen und unpersönlichen Blick pflegte er als seine Freiheit zu bezeichnen. Zu dem Mann ging Fatima mit niedergeschlagenen und verweinten Augen und sprach französisch zu ihm – jawohl, französisch sage ich –, und was sie sagte, bewahrte sie vor der Zwangsvertreibung in die Türkei. Der alte Konsul, der frei genug war, um über Menschlich-Allzumenschliches zu sprechen, übersetzte die Geschichte dieser Frau in unsere Sprache, und ich gebe sie so wieder, wie sie mir zu Ohren gekommen ist:

»Mein Name ist nicht Fatima, sondern Hortense, und ich stamme aus der Provence in Frankreich. Mit sechzehn Jahren hat mir ein umherziehender Quacksalber den Kopf verdreht, mich aus meinem Dorf weggelockt und mich dann im Hafen von Marseille verkauft. Da unten habe ich mich durchgebracht, wie sich die schutzlose Frau eben durchbringt, und ich habe das Leben erfahren, als hätte ich jeden einzelnen Tag hundertmal durchlebt. Ich habe alle Rassen kennengelernt, habe geliebt und bin geliebt worden, und nicht ein- oder zweimal, sondern oft genug gab es vor meinen Augen Messerstechereien um meinetwillen. Ein Vermögen ist durch meine Hände gegangen – einen Palast hätte man damit einrichten können. Was die eine Hand einnahm, das nahm ihr die andere ab und gab es weiter. So kam ich in die dreißig, und man kann sagen, damals war ich in der Blüte meiner Jahre. Wir schrieben das Jahr 1897, und von Marseille liefen in jenem Jahr ein paar Kriegsschiffe aus, um sich mit der Flotte Englands, Russlands und ich weiß nicht welcher anderen in den Gewässern von Kreta zu vereinigen. Das erfuhren wir in dem Haus, wo ich arbeitete, von einigen Offizieren, die unsere Kunden waren, und ungefähr zehn von uns Mädchen entschlossen sich, der Flotte nachzureisen. Sehn Sie, ich war damals am Wendepunkt meines Lebens und musste an mein Alter denken. Wir schifften uns im Monat November in Marseille ein, vertrödelten ein paar Wochen im Hafen von Neapel, und genau zu Neujahr kamen wir in der Bucht von Souda an. Wir fanden die Flotten vor Anker liegen, flaggengeschmückt, als wollten sie uns willkommen heißen. Wir hatten kaum Zeit, uns umzuziehen, da waren wir schon mit Beschlag belegt. Mein Schicksal wollte es, dass mich der russische Admiral Andrejew auf sein Flaggschiff nahm.

Noch am selben Abend begann das tolle Treiben. In dieser verlassenen Gegend fehlte es an nichts, den Kaviar zum Beispiel brachten sie eimerweis auf den Tisch, und den Wein schafften sie im Schlauch von den französischen Schiffen aufs russische. Als sie allesamt total betrunken am Boden lagen, schickten die anderen Schiffe Boote, um uns zu holen, und oben am Fallreep stand zu unserem Empfang der Admiral höchstpersönlich. Unserer hieß Potier, der Engländer Harris, der Italiener Canevaro. Die Namen der anderen habe ich vergessen. Auch da ging es ans Feiern, bei Tagesanbruch waren wir noch auf den Beinen. Waren wir den Wein über, verlegten wir uns auf scharfe Getränke. Waren wir davon erledigt, bestellten wir Limonaden und Süßigkeiten. Wenn ich trinken wollte, brachten sie mir auf einem Tablett eine ganze Batterie Gläser und obendrauf, allein, das meine. Ich nahm es, netzte meine Lippen, und der Kellner leerte sie alle ins Meer. Da war ich dann auch stolz wie eine Königin …«

So waren die Türken nun also gegangen, und Rethymno blieben die Flüchtlinge; sie übernahmen viele von den Gewerben der Andersgläubigen, die unter ihren Händen gediehen, und keiner beklagte den Wechsel. Nur an einer Stelle, im Hafen, war zu spüren, dass die Türken fehlten, und immer wieder wünschten die Leute sie sich zurück und sprachen über ihren guten Ruf.

Ich weiß nicht, bei welchem Meister die Türken die Seemannskunst – richtiger gesagt, die Kunst des Umgangs mit Ruderbooten – studiert hatten, sodass niemand sie darin zu übertreffen vermochte. Unter ihrer Führung glichen die Boote nicht Planken auf dem Meer, sondern Pferden aus dem Märchen, von jenen, die mit ihren Hufen die Wogen treten und dann darüber hinfliegen wie Seeadler. Festgemacht im Hafen waren diese Pferde nicht zu unterscheiden von jeder anderen Nussschale, aber wenn bei stürmischem Wetter die Ruderer sich zu je zwei Mann auf die vier Bänke setzten und der Steuermann seinen Turban bis auf die Brauen herunterzog und stehend die Ruderpinne packte, dann hatte man den Eindruck, Zeuge einer wundersamen Verwandlung zu sein, bei der das Holz zappelte wie ein lebendiges Wesen und man es nicht mehr aus der Hand lassen durfte. Diese sonderbaren Geschöpfe näherten sich dem Postschiff, das unter Dampf stand, der Steuermann legte seine Hände als Trichter an den Mund und rief jeden einzelnen Passagier bei seinem Namen oder nach seinen Kennzeichen, der hinwiederum schloss die Augen und sprang von der obersten Stufe des Fallreeps in die Arme, die ihn geöffnet erwarteten. Und die fingen ihn in der Luft auf wie einen Ball, setzten ihn schön ordentlich auf die Samtkissen, und danach packten sie wieder die Ruder und manövrierten sich frei, um Kurs auf den Hafen zu nehmen.

Die Flüchtlinge, die die Stelle der türkischen Bootsleute eingenommen hatten, waren friedliche Menschen, und unsere Gewässer machten ihnen Angst. Zwar stellten auch sie sich dem tobenden Meer, aber in den meisten Fällen tutete der

Dampfer immer wieder und fuhr dann weiter, ohne die Passagiere abgesetzt zu haben. Diese ihrerseits, die einer vom andern gehört hatten, welche Strapazen sie erwarteten, nahmen die Postkutsche in Chania oder Megalokastro, je nachdem, wo der Dampfer zuerst anlegte, und kamen über Land zu uns. Was ihnen dabei verloren ging, begreift, wer einmal das Glück hat, die Küste Kretas entlangzufahren.

Ich frage mich oft, wer die Erde geschaffen hat, die uns trägt, und das Meer, das uns fortführt und wieder zurückbringt, und den nächtlich geschmückten Himmel, und Antwort habe ich niemals gefunden. Mein Geist ist wohl zu gering, um das Bild des allgütigen und allmächtigen Wesens zu fassen, das all dies aus dem Nichts geschaffen hat. Aber wenn ich an deinen Küsten, Kreta, entlangfahre, erhebt sich mein geringer Geist, mein Blut glüht vor Liebe zu dir, und alle Dinge dieser Welt scheinen mir von einer liebevollen Hand gemacht. Dann erschreckt mich nichts mehr, Gott nenne ich Vater, die Schöpfung und mein Ich sind im Einvernehmen wie das Neugeborene mit seiner Wiege.

Mich hinzusetzen und zu schildern, was die Augen des Reisenden sehen werden, der einmal zu Schiff die Gestade von Kreta umrundet, geht über meine Kraft, denn dieses schöne Stück Erde sehe ich viel schöner als jeder andere und, es mag sein, schöner, als es ist. Jede Heimat, die eine lange Zeit der Sklaverei durchgemacht hat, mögen auch ihre Kinder die Flamme der Freiheit in sich getragen haben, ist überreich geliebt worden, und ihr sind Opfer dargebracht worden, wie sie andere Heimatländer nicht kennen. Hier auf Kreta spricht zu unserer Seele nicht allein das, was unsere Augen sehen; eine zweite Heimat – nenn sie das Kreta der Höhe – strahlt von Herrlichkeiten und Schönheiten. Doch da ich nun einmal nicht fähig bin, das Unsagbare zu sagen, lass mich für dich bitten, dein Schiff möchte an einem Sommerabend draußen vor

Rethymno Anker werfen, um die Stunde, da das Meer duftet wie die Wassermelone und die Frauen sich ihr Haar mit Jasminöl salben und herunterkommen zu einem Spaziergang an der Mole. Dann leg deine Ellbogen auf die Reling und schau hinüber zu der Märchenstadt, die dich auch mit Tausenden von Augen ansehen wird, die ihre Wasser zum Spiegel machen wird für den Lichtstrom deines Schiffes und dir mit ihren zahllosen Lampen zuwinken wird … Und wenn es sich trifft, dass du über Nacht dort vor Anker bleibst, steh auf und schau sie noch einmal an, wie das Gestirn des Tages sie vergoldet, und ruf dir ins Gedächtnis, was ich dir hier erzähle, damit du die volle Freude an dem unvergesslichen Anblick hast.

Die beste Lyra der Messara

Dimitris Papadakis

Die Lyra des Kolombatsis hatte kein Gegenstück in allen Dörfern der Ebene und der Berghänge der Messara. Die erste unter den besten Lyras, machte sie Jung und Alt, Männer und Frauen verrückt.

Kolombatsis war einer der wenigen Lebenskünstler und Leventis. Groß, schlank, tiefschwarz, mit schlanker Taille und schwarzem hakenförmigem Schnurrbart, der keinen anderen Zweck hatte, als gezwirbelt zu werden. Er trug schwarze, blitzend-glänzende Stiefel, und seinen Turban band er ganz schräg um seinen Kopf, so, wie er auch das Fransenkopftuch an den Sonn- und Feiertagen band.

Zu jeder Hochzeit, zu Festen, zu jeder Kirchweih spielte er die Lyra mit den Glöckchen, und die Vraka tragenden Jünglinge, voller Jugend und Leventia, aber auch die biegsamen kretischen Mädchen tanzten die kretischen Tänze mit großem Charme und mit einer Gewandtheit, als ob ihre Füße Flügel hätten und nicht die Erde berührten. Und der Lyraspieler, der nicht satt wurde, sie zu bewundern, dämpfte sein Lyraspiel und sang:

Wenn der Kreter tanzt, zeigt er seine Männlichkeit,
seine Vornehmheit, seine Leventia und seine Tapferkeit.
Er dreht sich, blickt auf den zweiten Schritt,
spielt den starken Schwung und einen größeren Sprung.

An den Nationalfeiertagen, wenn auf dem zentralen Platz seines Dorfes ein riesiges Fest stattfand, sang Kolombatsis nach dem Dankgottesdienst und den Festworten, die der Lehrer sprach, zum Ruhm und der großen Zerstörung Kretas. Und jedes Mal sang er auch diese Mantinade:

Ich breche Lorbeer und Myrten vom Psiloritis,
um die Toten zu bekränzen, die für Kreta starben.
Mein Kreta, du Diamant, Lehrer der Freiheit,
die deine Geschichte jedes Mal mit Kugeln schreibt.

In seiner Jugend war auch der Lyraspieler ein Vrakaträger gewesen. Aber als er die dreißig erreichte, änderte er seine Kleidung wie die meisten Gleichaltrigen. Er ließ die Schärpen und die Vraka weg und trug Reithosen und ein schwarzes Hemd. Aber von dem Turban und dem Fransenkopftuch trennte er sich sein ganzes Leben lang nicht.

Wenn er sich zum Spielen hinsetzte, breitete er ein blütenweißes Tuch auf seinem rechten Knie aus, legte ein Bein über das andere, entfernte auch den Basilikumzweig, den er über seinem Ohr trug, und fing immer mit dem Chaniatanz an.

Die Lyrarena hatte er mit seiner Lyra und seiner Leventia verrückt gemacht, seit sie Kinder waren, und sie hatte keinen anderen heiraten wollen. Ihr Vater gehörte zu den Reichsten des Dorfes, und als er merkte, dass seine Tochter den Lyraspieler liebte und heiraten wollte, wurde er vor Wut zum Türken. Aber er konnte seine Tochter nicht unterkriegen. Wer auch immer um sie warb, wie gut und reich er sein mochte, sie wollte ihn auf keinen Fall heiraten. Jedes Mal fand sie eine andere Ausflucht und einen anderen Mangel an dem, der um sie warb, dass sie seine Frau würde. Ihr Gebieter, der ihre Ausreden und Rechtfertigungen durchschaute, wurde wild und beschimpfte sie heftig.

»Entscheide dich zu deinem Vorteil. Entscheide dich, denn ich werde dir das nicht durchgehen lassen. In meinem Haus habe ich das Kommando.«

Aber auch das junge Mädchen war eigensinnig. »Und ich habe das Kommando über mein Herz. Willst du denn, dass ich meine Augen zumache und irgendwen nehme? Weißt du nicht, wie ich ihn liebe und er mich liebt?«

»Schlag dir das ein für alle Mal aus dem Kopf, meine Tochter! Dem Lyraspieler werde ich dich nicht geben, und wenn die Welt unterginge! Wähle also einen von denen, die um dich werben. Wähle, denn wenn du mich noch mehr aufregst, werde ich dich dem Erstbesten geben, den ich finde, und dich nicht noch mal fragen.«

»Ich will keinen. Wenn du mich nicht den Lyraspieler nehmen lässt, werde ich nicht heiraten, und das sollst du wissen. Er ist es, und kein anderer. Und wenn du mich ihn nicht nehmen lässt, werde ich mich in einem Kloster einschließen.«

Es hatten aber alle beide halsstarrige Köpfe. Und so war in ihrem Haus immer Aufruhr, und es setzte sich immerzu derselbe Zank fort. Als ihr Vater sah und begriff, dass er mit seiner Wildheit nichts bewirkte, nahm er sich vor, es auf andere Weise zu versuchen. Er beschloss, sie im Guten zu fangen. »Will ich dir Böses, mein Kind? Ich bin dein Vater und will dein Bestes.«

»Wenn du mein Bestes willst, gib mir deinen Segen und lass mich den Lyraspieler nehmen.«

»Aber mein Kind, er hat weder Weingärten noch Felder. Willst du dich denn selbst zugrunde richten? Er hat überhaupt nichts!«

»Ja, Vater, aber so, wie ich seine Lyra schätze, schätze ich alle Weingärten und Felder unseres Dorfes nicht.«

»Aber er hat auch keine Olivenhaine. Nicht einen einzigen alten Baum hat er!«

»Aber er ist ein Lebenskünstler und Leventis! Ich, Vater, werde Kolombatsis umarmen, und ich werde weder seine Olivenbäume noch seine Johannisbrotbäume umarmen. Es kümmert mich nicht, ob er welche hat oder nicht.«

Was auch immer der Vater sagen mochte, er brachte es nicht fertig, seine Tochter zu überzeugen. Und was auch immer die Tochter sagen mochte, sie brachte es nicht fertig, ihren Gebieter zu überzeugen. So brannte sie eines Nachts mit dem Lyraspieler durch, und seit jenem Abend hörten die Zänkereien und die Ratschläge ihres Vaters auf.

Mit der Beleidigung aber, die sie ihm angetan hatte, wurde er zum wilden Tier. Er strich seine Tochter aus seinem Herzen und wollte nicht mehr, dass in seinem Haus über sie gesprochen wurde. Er wollte nicht einmal mehr ihren Namen hören.

Kolombatsis aber gab überhaupt nichts auf das Verhalten seines Schwiegervaters. Als ihn einmal einer seiner Freunde neckte, dass ihn sein Schwiegervater nicht gewollt habe, lächelte er und murmelte: »Das wird vergehen. Er wird seinen Schwiegersohn noch lieben.« Und tatsächlich lag er nicht daneben. Nach einem Jahr, als Lyrarena gebar und den ersten Enkel, den Lyrarogiorgis, zur Welt brachte, wurde der Großvater sofort wie Honig und Milch und war nur noch im Haus seines Schwiegersohnes zu finden.

Aber nach einiger Zeit fehlte nicht viel, dass sie sich sehr gezankt hätten. In diesem Sommer des Jahrzehntes um 1910 ergab es sich, dass der König eine Rundfahrt durch Kreta machte. Laut seinem Programm würde er auch in ihrem Ort vorbeikommen, um das reichlich fließende Wasser und die natürlichen Schönheiten ihres Dorfes zu sehen und zu bewundern. Der Schwiegervater des Lyraspielers war der Bürgermeister des Dorfes und hatte die große Pflicht, für den Empfang und die Betreuung zu sorgen. Und aus Ehrgefühl wollte er sein Bestes geben. Unter allem anderen, was er zu tun gedachte, hielt er es für gut, seinem Schwiegersohn zu sagen, er solle mit der Lyra eine Weise spielen, sobald das Essen beendet wäre, das sie dem Besucher anboten. Das alles sagte er also am Vortag zu Kolombatsis. Aber der Lyraspieler machte ein schiefes Gesicht, als er das hörte.

»Ich ehre und achte dich, mein Schwiegervater, aber das, was du von mir verlangst, kann ich nicht machen.«

»Warum nicht?«

»Ich will sein Gesicht nicht sehen! Sein Gesicht will ich nicht sehen, und da werde ich für ihn Lyra spielen!« Und dann fügte er hinzu: »Weißt du nicht, dass ich Anhänger des Venizelos bin und Kieselsteine säe? Was also sprichst du über die Lyra und Vergnügen!«

Sein Schwiegervater geduldete sich. Er streichelte seinen Bart, drehte seinen Schnurrbart und sah seinem Schwiegersohn in die Augen. »Ich glaube nicht, mein Schwiegersohn, dass du besser bist als ich. Wenn du Kieselsteine säst, säe ich Steine. Auch ich bin Anhänger des Venizelos, und einer von den besten. Aber das eine sind die Parteien, und das andere die Ehre und die Gastfreundschaft. Und wenn der Mensch durch unser Dorf kommen wird, müssen wir ihm Gastfreundschaft gewähren, wie wir es nicht besser können, auch wenn wir ihn nicht sehen und hören wollen. Ich sage dir, das eine ist das eine und das andere das andere.«

Kolombatsis sah, dass sein Schwiegervater recht hatte, und er tat, was sich gehörte.

Die Tafel für den Gast und seine Begleitung bereiteten sie an der alten Mühle, die der malerischste Platz des Dorfes war. Rund um den Platz war es ganz grün von Pappeln, von allerlei anderen Bäumen und einer baumförmigen Myrte. Eine alte Platane bedeckte mit ihrem Blattwerk den ganzen Platz. Durch das Drehen der Mühle bewegte sich kraftvoll das viele saubere Wasser, und mit dem Lärm, den es machte, war es, als hielte es Schritt mit der Lyra des Kolombatsis, der nicht lange brauchte, um in Stimmung zu kommen. Und bald war seine warme Stimme zu hören: »Gergeri, Nivritos, Zaros, Voriza und Kamares; dort, wo die Oza fressen und nicht die Skares.«

Einer aus dem Gefolge achtete auf die Wörter der Mantinade, aber er verstand sie nicht und bat den Bürgermeister, sie ihm zu erklären.

Der Bürgermeister lächelte: »Oza sind die Tiere. Skares die Geier, Vögel, die Aas fressen. Und die Mantinade will sagen, dass hier die Menschen die Tiere essen und sie nicht die Geier fressen lassen. Nämlich, hier wird viel Fleisch gegessen, nur, dass das meiste nicht eingeläutet ist.«

»Eingeläutet? Was heißt das?«

»Das Fleisch, das wir essen, läuten wir nicht ein, wir wiegen es nämlich nicht.«

Und dann murmelte er, ohne dass er zu hören war: »Es ist geklaut, das bedeutet es, aber wie sollst du das verstehen?«

Als die Festlichkeit zu Ende war, gingen die Fremden, aber die Einheimischen setzten die Geselligkeit und das Fest fort. Der Schwiegervater, dem von dem unwahrscheinlichen Lyraspiel seines Schwiegersohnes seltsam geworden war, hielt es nicht mehr aus und fragte ihn: »Was war das nur wieder? Jahre höre ich dich spielen, aber die Lyra, die du heute gespielt hast, habe ich noch nie vorher gehört.«

Kolombatsis lächelte und betrachtete seinen Schwiegervater, der über ihm stand. »Fragst du mich nicht, warum?«

»Warum?«

»Solange ich spielte, sah ich ihn nicht an. Ich sah auf die Mühle und dachte die ganze Zeit an Venizelos! Darum tat ich mein Bestes.«

»Verflucht noch mal! Verflucht, aber ich glaube, du hast es wirklich so gemacht, wie du sagst!«

Kolombatsis, der schon halb betrunken war, nahm die Lyra

in seine Hände und fing mit den Weisen der Messara an. Und kaum hatte er begonnen, sang er lächelnd diese Mantinade:

Wenn der Bock stark ist,
beengt ihn nicht die Koppel,
der Mann macht den Bart
und nicht der Bart den Mann.

Die Gesellschaft begeisterte sich. Es verstanden alle den Sinn der Mantinade und für wen er sie sang, und sie fingen einer nach dem anderen an, »Bravo« zu rufen. Und um sich bei ihnen noch mehr zu bedanken, fing der Lyraspieler dieses Berglied zu singen an:

Eine Amsel der Ebene
und ein Vogel vom Rouvas
verließen eines Tages
den Gipfel des Psiloritis,
aber es umfing sie große Kälte
und wilder starker Nordwind,
und der Vogel aus der Messara,
das Vögelein der Ebene,
fror und erstarrte
und zitterte vor Kälte.
Aber den anderen Vogel,
vom Rouvas das Vögelein,
störte das nicht,
es fürchtete sich nicht,
und es sang und sagte:
Die Vögel der Ebene sind das eine
und die der Berge das andere.

Die Sfakioten, ein Volk von Adlern

Stratis Myrivilis

Zum Land der Sfakioten, das in der Präfektur Chania eine eigene Provinz bildet, gehören einundzwanzig Dörfer mit rund fünf- bis sechstausend Einwohnern. Es könnten noch viel mehr sein, läge auf ihnen nicht ein Fluch, der sie vernichtet, der Fluch der Selbstzerstörung.

An dem Tag, als ich zu ihren Dörfern hinauffuhr, waren der Staatsanwalt der Präfektur und der Polizeichef von Kreta auch da. Für ihren Besuch gab es einen Grund. In einem der Dörfer war am Vortag ein Mord geschehen. Jemandem war aufgelauert worden, er war getötet worden. Dabei ging es um Blutrache, die dort oben üblich ist. Die Behörde kannte den Mörder, das ganze Dorf kannte ihn, die ganze Sfakia kannte ihn, und es war sogar bekannt, dass der Mörder seinem Opfer zwei Jahre lang aufgelauert und nur auf die passende Gelegenheit für den Mord gewartet hatte. Die Leute zeigten mir das Haus des Getöteten, ein einzeln stehendes Haus in einer freudlosen, dünn besiedelten Landschaft. Alle wunderten sich darüber, wie sich dieser Mensch Tag und Nacht dorthin zurückziehen konnte, wohl wissend, dass sein Leben schon längst abgeschrieben war.

Und dennoch war er in diese einsame Gegend gegangen, in die nur ein Feldweg führt, ein Ziegenpfad, der aus nichts anderem besteht als aus Windungen und Winkeln, aus Zäunen und groben Steinmauern, der also bestens für einen heimtückischen Mord geeignet war. Natürlich wird auch das Opfer bewaffnet gewesen sein, mit dem Finger am Abzug, im Herzen bereit für das schicksalhafte Zusammentreffen. Zwei angstvolle Jahre lang war dieser junge, kräftige, lebendige Mensch dem Tode geweiht. Er war die Zielscheibe einer geladenen Flinte, ein Gewehrlauf verfolgte ihn auf Schritt und Tritt in der Dunkelheit. Jeder verdächtige Lärm wird ihn aufgehalten haben, bei jedem Kieselstein, der wegrollte, wird er sich hinter einem Felsen zusammengekauert haben, bereit zurückzuschießen. All das nützte ihm nichts. An einem Morgen wurde er ermordet aufgefunden. Wer hatte ihn umgebracht? Der Polizeichef, der mit mir zusammen war, nahm die Dorfbewohner einen nach dem anderen beiseite und ließ sie beichten. Auch er war Kreter und kannte die Bräuche der Gegend, kannte die Kraft dieser Sitte, kannte auch das Ehrgefühl der Sfakioten.

Keiner nannte den Namen des Mörders, der allen bestens bekannt war. Weder die Verwandten noch die Geschwister oder die Vettern des Getöteten. Das wäre ein Verrat und eine Schande gewesen, eine Feigheit, unverzeihlich für die ganze Sfakia. Auch würden es die Angehörigen des Opfers niemals der staatlichen Rechtsprechung überlassen, den Mörder zu verurteilen. Das Leben des Mörders gehörte von nun an der Familie des Getöteten. Nun würden sie ihm auflauern, jeden Tag, jeden Abend, jede Nacht. Nun war es ihre Sache. Warum sollten sich der Staat und das Gesetz einmischen? Das Gesetz des Sfakioten hängt über seiner Schulter; es steckt in der Silberscheide an seinem Gürtel.

»Das ist nun der neunte Mord in diesen beiden Familien, die sich gegenseitig ausrotten«, sagte mir der Staatsanwalt. »Der neunte Mord in einer Abfolge von Verbrechen, und niemand weiß, wann der blutige Zyklus endet.«

Neun getötete junge Männer, neun stattliche Sfakioten, nützliche, intelligente und heldenhafte Männer von Kreta, auf dem Altar einer fürchterlichen Gottheit geschlachtet. Bisher konnte niemand in Sfakia die Wurzeln dieser Religion ausreißen. Ich fragte, was der erste Anlass für dieses Morden war. Er war unvorstellbar belanglos. Ein Junge hatte eines Tages seine Ziegen auf eine fremde Weide getrieben. »Hau ab«, sagte der andere Hirte zu ihm, »und pass auf, dass du hier nicht wieder auftauchst, sonst mache ich dich fertig.« Der Kleine kam wieder. »Hier bin ich, damit du mich fertigmachst, hat mein Vater gesagt.« Wie hätte ein Sfakiote Angst zeigen können. Der andere tat ihm nichts. Er beschimpfte ihn nur mit einem schmutzigen Wort und gab ihm eine Ohrfeige. Der Kleine weinte nicht. Er ging einfach fort, nachdem er zu seinem Beleidiger gesagt hatte: »Du wirst noch an mich denken.«

Dieser kleine Junge war der Erste, mit dem die endlose Blutrechnung begann. Den neunten Mord in dieser Erbfolge erlebte ich zufällig gerade mit.

Ich weiß nicht, wann dieser wilde Brauch auf den stolzen, harten Bergen Wurzeln schlug. Ich weiß nicht, ob er aus der Mani herüberkam oder ob er von Sfakia über die Ägäis zur Mani übersprang. Es gibt jedoch in der Geschichte Kretas eine Seite, die, wie ich meine, mit dem ungeschriebenen Gesetz der Sfakioten zusammenhängt.

In der Zeit der venezianischen Herrschaft wurde Kreta unaufhörlich von Aufständen erschüttert, so wie bereits zuvor unter den Arabern und wie danach unter den Türken. Es war eine Phase, in der die Kreter auf ihrer von den europäischen Besatzern beherrschten Insel einen kleinen, freien Staat organisiert hatten. An der Spitze dieses Parastaates standen die großen kretischen Familien. Die Chortatsis, die Melissinos, die Skordilis, die Mussuris, die Kallergis, die Vlastos, die Gavalas und noch andere. Die Anführer hatten den kleinen, freien Staat nicht nur politisch, sondern auch sozial organisiert. Wenn sie nicht gerade gegen die Venezianer kämpften, zettelten sie, Kreter wie sie waren, untereinander Streit an. In diesen Fällen versammelten sich die sogenannten Protokefalades in einem Schiedsgericht, trafen Entscheidungen und lösten die Zwistigkeiten. Die Angeklagten mussten die Entscheidungen dieses Schiedsgerichts rückhaltlos befolgen.

Aber oftmals waren die Streitigkeiten, die sie trennten, Ehrenangelegenheiten, bei denen sich die Gegenpartei weigerte, die Entscheidung anzunehmen. Die Protokefalades ließen sie dann den Streit in Selbstjustiz beilegen, das heißt auf die Art und Weise, wie es bis heute in Sfakia geschieht. Es ist also nicht ausgeschlossen, dass sich bereits seit damals in dieser Gegend die Institution des Faustrechts hält, wie es die Juristen nennen. Ich kann mir gut vorstellen, dass es seit damals in Sfakia auch die soziale Unterscheidung zwischen denen von der »guten Linie« und denen von der »schlechten Linie« gibt, die man auch unverändert in Mani antrifft. Die von der guten Linie sind diejenigen, die aus Familien stammen, die auf ihre aristokratische Herkunft Wert legen. Die von der schlechten Linie sind die Plebejer. Es versteht sich von selbst, dass sowohl die von der guten Linie als auch die von der schlechten Linie arme Bauern, Arbeiter oder Besitzer eines kleinen Hausstands sein können. Aber der Graben zwischen ihnen ist unüberbrückbar. Die gesellschaftliche Trennung der beiden Klassen ist streng und darf von niemandem missachtet werden. Niemand von der schlechten Linie würde es zum Beispiel wagen, sich in der Kirche oder beim Kirchweihfest in die vordere Reihe zu setzen oder auf einen Platz im Kirchengestühl, der für die von der guten Linie bestimmt ist. Niemals würde einer von der guten Linie, selbst wenn er noch so arm wäre, seine Tochter einem Reichen von der schlechten Linie zur Frau geben. Die von der schlechten Linie wissen das und akzeptieren es als etwas Naturgegebenes.

Es ist mir eine sehr typische, amüsante Begebenheit erzählt worden, die zeigt, wie weit der Stolz der Sfakioten von der guten Linie reicht. Als ein paar Jahre vor der Vereinigung mit Griechenland Prinz Georgios nach Kreta kam, machte er als Hochkommissar eine Rundreise und kam auch zu den Bergdörfern. Um die Gegend dort kennenzulernen, fuhr er nach Komitades.

Komitades ist eines der Sfakia-Dörfer auf der Seite des Libyschen Meeres, ein kleines Dorf, mit insgesamt zweihundert oder dreihundert Einwohnern. Klein und arm. Aber es hat eine große Geschichte, und noch größer ist der Stolz seiner Einwohner. Komitades liegt genau am Eingang zur Imbros-Schlucht, durch die ein unbeschreiblich schöner Pass nach Askyfou hinaufführt. In Komitades hatte während des Aufstands von 1770 eine Handvoll junger Burschen mit Daskalojannis an der Spitze zwei Tage lang gegen vierzigtausend Türken Widerstand geleistet, die von Askyfou aus zur Küste hinunterzogen. In der Nähe des Dorfes liegt auch das Kloster der Panajia Thymiani; in diesem Kloster hielten 1821 Widerstandskämpfer ihre erste Versammlung ab. Hier wurden der Aufstand von Kreta ausgerufen und seine Teilnahme am Befreiungskampf. Hier bildete sich auch die höchste Gewalt der Insel, die Kanzlei genannt wurde. In diesem armen Dörflein genießt die örtliche Aristokratie ein sehr hohes Ansehen.

Es war an einem Sonntag, als der Prinz das Dorf besuchte. Alle Einwohner gingen in die Kirche, um die Messe zu hören und den Königssohn zu bestaunen. Der Prinz war ein hübscher Bursche, hochgewachsen, blond, mit Schnurrbart, blauäugig, und die Kreter und Kreterinnen bewunderten ausgiebig die schöne, schlanke Erscheinung. Ein Mädchen aus Komitades beugte sich zu seiner Nachbarin hinüber, als es den Prinzen die Kirche betreten sah, und sagte: »Schön is er, der Prints, ein richtiger Hertsensbrecher. Ein Jammr, dass er nich aus der gutn Linie is.« Und sie erwähnte den Namen einer bekannten Familie des Dorfes, deren Mitglieder in den ersten Reihen des Kirchengestühls saßen.

Komitades gegenüber liegt Frankokastello, die berühmte, gespenstische Burg, die ihre verwaisten Schießscharten auf die Wellen des Libyschen Meeres ausgerichtet hat. Sie ist umhüllt vom Zauber des Geheimnisses und der Legende, die sich um sie ranken. Jedes Jahr einmal – nach dem alten Kalender am 18. Mai – erscheinen die Drossuliten. Kurz vor Sonnenaufgang tauchen sie auf, dann, wenn nach der feuchten Jahreszeit der Nordwind wieder weht. Die Sfakioten erzählten mir, dass man sich an diesem Tag zu früher Stunde in der Ebene aufhalten und warten muss, wenn man diese Erscheinung beobachten will; es ist eine unendliche Prozession menschlicher Schatten, mal dicht gedrängt, mal weiter auseinander. Sie tauchen auf wie die Schatten der getöteten Kämpfer bei Homer, die Blut gerochen hatten. Zwischen den Trümmern des alten Klosters des heiligen Charalambis, das in der Nähe der verlassenen Burg liegt, bewegen sie sich leicht und lautlos vorwärts. Sie schreiten weiter zum gespenstischen Frankokastello. Drossuliten heißen diese Schatten, weil sie mit dem Morgentau, der Drossia, herauskommen. Es sind die Seelen der dreihundertfünfundachzig Epiroten, die dort bei der Schlacht vom 18. Mai 1828 zusammen mit ihrem Anführer, dem General Chatzimichalis Dalianis, ums Leben kamen. Darum erscheinen sie jedes Jahr immer am selben Datum. Die Gebeine dieser Helden der Befreiung Kretas blieben wie Strandgut in einer Höhle am Meer erhalten. Wer nach einer sachlichen Begründung sucht, erklärt dieses merkwürdige Phänomen als eine Art Fata Morgana. Seelenforscher betrachten es dagegen als eine Erscheinung von Energieströmen der Seelen der Getöteten, die mit der tragischen Landschaft von Frankokastello verbunden sind.

So sind diese einundzwanzig Sfakia-Dörfer, und so sind ihre Menschen. Die meisten Dörfer kleben hoch oben an den Berghängen, versteckte Adlerhorste zwischen unzugänglichen Schluchten und Abgründen. Im Sommer ist der Wind hier angenehm kühl. Aber im Winter ist das Leben hart. Die Sfakia-Berge leiden unter den Nordwinden und fürchterlichen Schneestürmen. Das Wasser gefriert zu Eiszapfen. Sie hängen wie Kronleuchter in der Sonne. Der Wind pfeift, und der Schnee türmt sich auf. Die Sfakia ist dann vom übrigen Kreta abgeschnitten, der Schnee bedeckt alles und versperrt Straßen und Pässe. Die Menschen kämpfen mit den Stürmen, die von den riesigen Gipfeln herunterwehen und in den gewaltigen Schluchten tosen. Ein fürchterlicher, unheimlicher Lärm ist in den Abgründen zwischen den Bergen zu hören. Große Felsen stürzen in unendliche Tiefen. Die Bäume werden von den Winden gequält, sie schütteln den Schnee von ihren fröstelnden Nadeln ab. Ihre rötlichen Wurzeln, die bis in die Herzen der Felsen eindringen, suchen mit verzweifelter Leidenschaft nach Halt.

Es war Mitte Juli, als ich in Askyfou eine Schule entdeckte, wo Unterricht gegeben wurde. Ich traf dort einen Lehrer und eine Lehrerin, ein Ehepaar, das sich mitten im Sommer mit den Sfakioten-Kindern abmühte. Etwa zweihundert Jungen und Mädchen standen um mich herum, mager, mit dünnen Waden, mit blanken, blitzgescheiten Augen und von strenger, hochmütiger Gestalt, so wie alle Sfakioten. Es kam mir merkwürdig vor, dass eine Schule im Sommer arbeitete. Da erklärten mir die Einheimischen und die Lehrer, dass es im Winter in diesen Höhen für Mensch und Tier unmöglich ist, sich fortzubewegen. Alle sitzen eingesperrt in Häusern und Ställen und warten auf den Frühling. Dann gibt es auch keine Schule, und die versäumten Stunden werden im Sommer nachgeholt. Im Winter des Vorjahres war Sfakia fünfzig Tage lang vom

Schnee bedeckt, fünfzig Tage vollkommen abgeschnitten. Der Schnee reichte bis an die Dächer der Häuser und bis zu den Wipfeln der Bäume. Türen und Fenster ließen sich nicht mehr öffnen. Selbst von Haus zu Haus war keine Verständigung mehr möglich. Eingeschlossen saßen die Menschen in ihren Häusern vor dem Feuer, das sie nicht mehr ausgehen ließen, und aßen ihr gepökeltes Fleisch und die ärmliche, kleine Ernte, die sie im Sommer zusammengetragen hatten. Nur an dem Rauch, der aus den Schornsteinen aufstieg, konnte man erkennen, wo das Dorf unter dem Schnee begraben lag. Kirchen gibt es in allen Sfakia-Dörfern, nur Popen gibt es nicht. Ausgerechnet hier, wo es so nötig wäre. Niemand – weder der Staat noch die Kirche – hat sich je um die Sfakioten gekümmert, die dennoch das schönste und heldenhafteste Volk von Kreta sind.

Die einzigen beiden Lehrer, die ich dort oben als einfache Entsandte und Vertreter der Menschheit und der Zivilisation antraf, erzählten mir, wie der Hass der Familien auch die Kinder voneinander trennt. Sie weigern sich, auf derselben Schulbank zu sitzen, sie sprechen nicht miteinander. Ihre Trauerkleidung ist eine ständige Mahnung an ihre Verpflichtung dem vergossenen Blut gegenüber, das sie eines Tages vergelten müssen. Bereits in diesem zarten Alter der Märchen und Spiele bauen die Kinder hoch auf den Bergen Hinterhalte auf und bewerfen sich mit Steinen, um sich wehzutun. Wer bringt ihnen friedliche Vergnügungen dort hinauf? Ein Fest mit Blumen und Tänzen, einen Kinofilm, ein Freuden- und Liebeslied, einige schöne Bilder als Schmuck für die nackten Wände in ihrer Schule?

Die beiden Lehrer haben für sie im Schulgarten ein Lehrbeet angelegt. Sie mühen sich damit ab, ihnen beizubringen, die Bäume zu lieben und sich gegenseitig zu helfen. Doch außerhalb der Schulmauern fällen ihre Eltern die Bäume und verwüsten den Besitz anderer Leute. Für einen Viehdiebstahl schämt sich niemand. Er gilt als mutige Tat, als etwas Intelligentes, etwas Gerissenes und etwas Verdienstvolles. Wenn ein Sfakiote jemanden mit gegrilltem Fleisch bewirtet, dann muss das geschlachtete Tier gestohlen sein, wenn er damit seine Wertschätzung ausdrücken will. So verlangt es die heroische Tradition dieser Gegend. Dieser Brauch hat seine eigene merkwürdige Logik, denn der Gastgeber hat, um das Schlachttier zu bekommen, für den Gast sein Leben aufs Spiel gesetzt.

Sie erzählten mir von einem solchen heldenhaften Mann. Als sein Kind getauft wurde, wollte er aus Freude darüber für seine Freunde und seine Familie ein großes Fest ausrichten. Bei dieser Feier versammelten sich hundertzwölf Personen, Männer und Frauen. Die Hausherrin servierte ihnen hundertzwölf Lammköpfe, einen auf jedem Teller, um damit zu zeigen, dass für jeden Gast ein Lamm geschlachtet worden war. Diese hundertzwölf Lämmer waren allesamt gestohlen. Als das bekannt wurde, würdigten es die Gäste auf gebührende Art und zeigten dem Gastgeber ihre Bewunderung, und sie bewundern ihn bis zum heutigen Tag.

»Ich sage dir, ich bin der Einzige, der von der Besatzungszeit bis heute kein einziges Tier gestohlen hat«, sagte mir mit Stolz der junge Mann, der uns mit übermäßiger Großzügigkeit in seinem Haus beherbergte.

»Und was ist mit den fünfzig Stück …«, bemerkte jemand vorsichtig, der Bescheid wusste.

»Die habe ich mir *genommen,* weil mir aus meiner Herde auch fünfzig gestohlen worden waren. Nicht ein Tier mehr.« So antwortete der junge Mann ganz ungezwungen, und ich muss zugeben, dass ich es in dieser Umgebung und mit der Art, wie es gesagt wurde, beinahe natürlich fand.

»Und das, was wir essen?«, fragte ich ihn.

»Ach das, das sind Tiere von unseren Pferchen«, sagte er mir.

Ich dachte mir, dass mich unser sfakiotischer Freund noch nicht richtig schätzt. Zu meinem Leid, zu seinem Glück gibt es keinerlei Aussicht darauf, dass er jemals Literatur lesen wird.

Der Stolz der Bewohner hier oben ist unbeschreiblich.

»Was für einer bist du denn«, fragte ich auf der Straße ein Kind und erwartete, dass es mir so wie alle anderen Kinder antworten würde: »Grieche.«

Seine feurigen Augen sahen mich an. »Sfakiote!«, erwiderte es mir.

Die Sfakioten betrachten die übrigen Kreter herablassend, vor allem diejenigen, die in der Ebene wohnen. Die nennen sie Flachländer, und der verächtliche Ton, den sie in dieses Wort legen, ist unbeschreiblich.

Es gibt auch einen passenden Witz, bei dem sich zwei Sfakioten über die wichtige Frage unterhalten, ob es eine Seele gibt. So wie einst byzantinische Kleriker bei einer Synode ernsthaft die Frage diskutierten, ob die Frau eine unsterbliche Seele habe oder nicht, so diskutierten die Sfakioten das gleiche anspruchsvolle Thema unverändert im Zusammenhang mit den Flachländern.

»Was denkst denn du, Gevatter, ham die da unten wohl so was wie ne Seele?«, fragte der eine.

Und der andere antwortete, nachdem er gründlich nachgedacht hatte: »Ich sag dir, wenn die eine ham, dann is die so wintsig wie die von nem Vogel!«

Die sfakiotischen Berghänge sind unfruchtbar. Die Bergbevölkerung von fünftausend Menschen lebt von der Viehzucht und von der Holzkohle. Überall brennen Meiler, darin werden die herrlichen Kermeseichen der Berge verkohlt. Überall weiden Herden, die von bewaffneten Hirtenjungen bewacht werden. Der Käse, der Misithra-Quark und die Butter der Sfakioten sind bei Feinschmeckern in ganz Griechenland gefragt. Wer keine Lämmer besitzt, versucht sie auf die bereits erwähnte Art zu erwerben. Und weil das oben in Sfakia, wo es nach Schießpulver riecht, schwer ist, versuchen die Leute, auch mehr oder weniger mit den Flachländern auszukommen.

Ein Sfakiote erklärte mir dieses Phänomen. Es ist eine kleine Geschichte, die bis zur Erschaffung der Welt zurückreicht. Als Gott die Insel schuf, gab er Ierapetra, Ai Vassilis und Selinos die Olivenbäume. Er gab Malevisi und Kissamos den Wein. Er gab der Messara-Ebene die goldenen Rosinen und den Weizen. Er gab Kidonia die Hülsen- und Zitrusfrüchte. Er gab Milopotamos und Amari die Kirschen. Er gab Merabello die Eicheln und die Mandeln. Er gab Kissamos die Walnüsse und die Kastanien. Er gab der Ebene und Sitia die Zitrusfrüchte. Er gab Archanes die Weintrauben. Und Sfakia? Er hatte nichts mehr zu vergeben außer den Steinen, die bei der Erschaffung Kretas übrig geblieben waren. Die Sfakioten erschienen vor dem Höchsten. Ich stelle mir vor, dass sie dort in einer bewaffneten Kundgebung auftraten.

»Ja und wir, Herr, von was solln wir lebn hier obn in den Bergn?«, fragten sie ihn.

Und der gütige Gott sah sie voller Wohlgefallen an und antwortete im selben Dialekt: »Kein Körnchen Verstand im Schädl? Kapiert ihr denn nich, dass die da untn das alles nur für euch tsusammenschuftn?«

Die Sfakioten fanden diesen Gedanken des Allmächtigen sehr weise und lösten die Versammlung zufrieden auf, um ihn für immer und ewig in die Tat umzusetzen.

»Sie lebten als Räuber«, sagte bereits Homer über einige heldenhafte, griechische Volksstämme seiner Heldendichtung. Wahrhaftig, wenn sich jemand hier in dieser Umgebung wiederfindet, beginnt er langsam zu glauben, dass dieses Spiel mit dem Tod, das die Nerven und die Fantasie der Menschen pausenlos in Anspannung hält, einfach mit dieser Landschaft und seinem Volk verwachsen ist. Genau wie auch die Plünderungen, bei denen die Sfakioten den friedlichen Leuten von der Ebene ihre Habe aus den Händen reißen oder den bewaffneten Schäfern die Tiere aus ihren Schafställen stehlen. Ein kühnes, räuberisches, unerschrockenes Volk. Ein Volk von Adlern. Alle Kreter sind stolz auf ihre Herkunft, denn auch Zeus wurde auf Kreta geboren. Die Sfakioten sind noch etwas mehr. Ein Mann aus Askyfou erklärte es mir so: »Das Herz der Welt ist Europa. Das Herz Europas ist Griechenland. Das Herz Griechenlands ist Kreta. Das Herz Kretas ist Sfakia. Das Herz von Sfakia ist Askyfou.«

Also ist Askyfou das Herz der ganzen Welt.

Auf den Gipfeln des Ida anno 1817

Franz Wilhelm Sieber

Nachdem ich nun in Candia vier volle Wochen unnütz verweilt, die Flora des Ida fast versäumt und außer einem leichten Regen am 31. Juli und einem unbedeutenden Erdbeben am 3. August nichts Besonderes erlebt hatte, brach ich gerade am Tage des Bairamfestes der Türken, am 14. August 1817, auf und ritt aus der Stadt durch das Tor von Messarah hinaus. Die Straßen wimmelten von Türken, deren Kleidung, von Gold und Seide strotzend, eigens für diesen einzigen Festtag im Jahr bestimmt zu sein schien. Von allen Seiten erscholl fröhliches Geschrei, und nur wenige Griechen waren zu erblicken, aber auch diese waren des Festes wegen im Sonntagsanzug.

Mit Mühe gelangte ich nach Cognes; mein abgezehrtes Maultier war so entkräftet, dass es trotz aller Schläge nicht fortzubringen war. In diesem schönen Gebirgsdorfe blieb ich über Nacht. Wein, Brot und ein Huhn um 25 Para wurden herbeigeschafft. Des anderen Morgens, als das Gepäck auf ein anderes Maultier geladen war, gelangten wir hügelauf und hügelab nach Anoja, dem höchsten Gebirgsdorf des Ida, wo meine Ankunft alle Bewohner, welche hier noch keinen Franken gesehen, hervorlockte.

Der Weg zum Ida war von dort sehr mühsam. Drei tiefe Schluchten mussten wir passieren, einmal tief in den Höllengrund hinabsteigen und dann wieder an einer Felsenleiter emporklimmen, wobei viel Zeit verloren ging. Nach Umwegen kam ich einem großen, freien Platz näher, der mehr als eine halbe Quadratmeile betrug und welchen man Is tin Ida nannte. Zu den Zeiten der Venezianer soll er bebaut gewesen sein, welches die vielen Wohnhäuser, sogar eine Kapelle, wiewohl in völligem Ruin, dartun. Der Schnee, welcher im Tal gar nicht fällt, bleibt hier bis Ende März liegen. Das Erdreich ist völlig unfruchtbar; ich zweifle daher an der ehemaligen ergiebigen Kultur. Nirgends aber habe ich auf meinen Reisen so tiefe Schluchten, die so eng und so scharf eingeschnitten waren, gesehen als hier.

In der Entfernung waren kaum die Schafherden zu unterscheiden. Über Felsen hinüber pfiff mein Führer, worauf ein Gegenton erfolgte. Dann rief er in dem unverständlichen Jargon dieser Gegend etwas den jenseitigen Hirten zu. Es wurde Nacht, und niemand kam. Wir konnten die kleinen Hütten nicht benutzen, denn der Führer widerriet es wegen der zahllosen Flöhe, welche daselbst auf eine unglaubliche Art den Erdboden überzogen. Wir blieben im Freien; Äste wurden herbeigeschleppt und ein Feuer angemacht, das nun die ganze Nacht brannte. Ein Glück war es, dass in der Nähe eine vortreffliche Quelle floss, deren Wasser köstlich war. Mein Führer fluchte und pfiff so heftig, dass es gellend im gebrochenen Echo antwortete.

Endlich kam ein Hirtenbursche und brachte ein Lamm; es wurde zerstückt und ein Teil davon auf einen hölzernen Spieß gesteckt, mit Salz eingerieben, dann von allen Seiten mit Kohlen umgeben und vortrefflich gebraten. Die andere Hälfte dieses Opfertieres wurde für die Laren aufgehoben. Ein Stück schwarzes Kleienbrot, denn das gute hatte der liebe Mann vergessen, wurde zur Torte. Endlich erinnerte ich mich des arabischen Getränks, und siehe da, es fand sich Zucker und

Kaffee, um mit den Göttern, an deren Lieblingssitz ich mich befand, ein vollständiges Mahl zu halten. Die Wärme tat bei der Abendkühle auf den Höhen sehr wohl. Der Führer unterhielt das Feuer, und ich schlief ein.

Um vier Uhr dämmerte es im Osten. Schwaches Leuchten kündigte das Morgenrot und den strahlenden Phöbus an. Der Gipfel des Ida, hell und klar, trat zuerst aus der Finsternis hervor, und scharf begrenzt fiel seine liebliche Form ins Auge. Er rötete sich, als sich Aurora ganz erhoben hatte: Feurig drängte sich die Sonnenscheibe aus dem Grund des Meeres herauf und begrüßte ihn mit einem seiner Würde zukommenden Glanze!

Das Feuer wurde angefacht und in der Morgenkühle das Frühstück bereitet. Wunderbar ist es aber, dass in der ganzen Mythologie nichts von Zucker und Kaffee vorkommt und nur von Nektar und Ambrosia die Rede ist. Obgleich die alten Dichter so genau die Lebensweise ihrer Götter kannten, ihre Familienverhältnisse, Intrigen und Schwachheiten, erwähnen sie dennoch nichts von diesem herrlichen Getränk. Den Göttern hätte eines der merkwürdigsten Produkte der Erde nicht unbekannt sein sollen! Indessen, wie es nun manchmal das Schicksal will, welches auch über Götter gebietet, musste dieses wirklich den Allwissenden verborgen geblieben sein.

Der kühle Morgenwind, welcher von den Höhen herabwehte, erinnerte uns an den Aufbruch. Langsam klimmten wir diesen Koloss hinan. Der nördliche Abhang hatte in den muldenartigen Vertiefungen schon bei ungefähr 800 Toisen noch Schnee. An dem unteren Ende, wo das Wasser herabtropfte, füllten wir unsere Flaschen. Ich erstieg seinen Rücken, gelangte aber nicht auf seine westliche Kuppe. Erst um zwei Uhr mittags stand ich auf seiner Höhe; der Gipfel wurde von mir triumphierend bestiegen. Zuerst suchte ich die Kapelle, die von geschichteten Steinen ohne Mörtel erbaut, mit flachen

Steinen gewölbeartig bedeckt ist; ich schwang mich auf das Gewölbe derselben und erblickte nach allen Seiten die vor mir ausgebreitet liegende Insel.

Mich den frohen Eindrücken eines der schönsten Augenblicke meines Lebens überlassend, ganz in der Wonne versunken, dass daselbst die feurigsten Wünsche der glühendsten Einbildungskraft in der Jugend von der Gegenwart im späteren Alter erfüllt, ja sogar übertroffen werden können, und weil das, was der Traum versprochen hatte, in Wirklichkeit überging, verlor ich das Bewusstsein meiner Persönlichkeit, indem ich mich ganz der Anschauung dieser Gegend hingab.

Die Luft war milde, der Sonnenstrahl wärmend, und meine hingestreckte Lage auf der gewählten Stelle bequem, als mich plötzlich dicker Weihrauchdampf umgab. Im ersten Augenblick wusste ich nicht, woher er kam, allein bald gewahrte ich, dass er durch die Fugen aus dem Inneren der aus Steinen zusammengesetzten Kapelle drang; der Mönch hatte ein Rauchfass mitgebracht und fing einen Choral an. Ich entfernte mich und ging an den Rändern des Gipfels um diesen ungeheuren Koloss herum. Ich erblickte nun das ganze Tal von Messarah, an der Südseite, bis nach Girapetro hin, die Ebene von Candia, den Berg Strongyle, Panorama, bis Rettimo nördlich, den Berg Cedros, das sphakiotische Gebirge, das keulenförmige Kap Maleka, bis an das entfernte Spada und Kap Grabusa westlich und östlich den hohen Lassiti bis nach Stia. Am nördlichen Horizont erstreckte sich die Aussicht vom Taygetus bis zur Insel Rhodus und die Küsten Kleinasiens; dazwischen schwammen Mao, Paros, Rio, Naxos, Amorgos, Santorin und andere Inseln des Archipelagus. Die Höhe des Ida-Gipfels über dem Meere beträgt nahe an 1200 Toisen. Der Mönch hatte seine vom *igumenos* ihm anbefohlene Andacht beendigt und setzte sich, um den Vorrat hervorzulangen, der ihn heraufzutragen so viel Schweiß gekostet hatte. Brot, Käse, Fleisch sogar und mehreres andere lächelte ihm aus dem Sack entgegen; endlich langte er treffliche Muskatellertrauben und den goldenen Arkadier hervor. Da es uns an Eis gebrach und wir uns erfrischen wollten, rief er einen Hirtenburschen, der unten hütete, und dieser brachte ein großes Stück Eis zu uns herauf. Ich schnitzte aus demselben eine Art Becher und schlürfte den herrlichen Wein, indem ich den Rand der Eisschale an den Mund setzte; die Lippe fror mir fast am Rand an, indes sich aus der Schale in meinen Körper ein Feuer ergoss. Von Neuem machte ich nun die Runde, stieg auf die Kapelle, um das ewig unvergessliche Bild noch einmal zu genießen und mir die einzelnen Schönheiten desselben desto fester einzuprägen. Meine Blicke schweiften nach Gortyna, Gnossus, Eleuthera und Cydonia, und es freute mich jetzt doppelt, durch Beharrlichkeit erreicht zu haben, was mir das Schicksal verweigert zu haben schien. Kaum konnte ich mich von diesem Schauspiel trennen. Angenehm lächelte der Zephir, und keine aeolischen Windknechte tobten um mich her; rein war der Äther und heiter der ganze Horizont, doch es senkte sich die Sonne, der Zeiger an der Taschenuhr wies die vierte Stunde, und der Weg war noch lang. Auf ewig nahm ich nun von diesem Gipfel Abschied.

Mein kretischer Sommer

Jacques Lacarrière

Zu jener Zeit lebte ich in Knossos. Ich hatte Athena vergessen, die trauernde Athena meiner Schulzeit, mit ihrem smaragdfarbenen Blick und der kummervoll gesenkten Lanze, und ich verbrachte meine Träume und meine Nächte in den Armen kretischer Priesterinnen mit nackten Brüsten. Ich war den Göttinnen schon so untreu wie den Frauen. Daran war sicherlich Kreta schuld mit jenen Fresken und jenem seltsamen Palast, in dem ich meinen Wohnsitz aufgeschlagen hatte. Nach unserer Zeitrechnung fielen jene wundervollen Tage zwischen den 8. und 12. September 1950, kurze Zeit nach meiner Abreise von Korfu und meiner Ankunft in Athen. Gleich fing ich an, von Kreta zu träumen, gerade weil es der einzige Fleck Griechenlands war, den ich bisher nicht in meine Träume einbezogen hatte. Ich ging also in Piräus an Bord eines altersschwachen Schiffs, wie sie es damals alle waren, das seinen poetischen Namen Thetis nicht verdiente, und mischte mich inkognito, um den Preis für die Passage zu sparen, unter eine Gruppe junger Griechen, die ihren Militärdienst auf Kreta ableisteten. Am nächten Tag ging ich gegen Mittag in Herakleion an Land und stellte mich, ohne auch nur einen Blick auf die Stadt zu werfen, an die Straße nach Knossos. Ein Bauer nahm mich auf seinem Karren mit und setzte mich vor dem Eingang des Palasts ab. Vier Tage lang blieb ich dort allein. Damals gab es noch keine Touristen, und die einzigen Bewohner des Palasts waren der Wärter und seine Tochter Vassilika. Gastfreundlich boten sie mir als Schlafstätte eine Bank vor ihrem Haus an, aber ich zog es vor, sie allein zu lassen und die Nacht auf den Terrassen zu verbringen. Jeden Abend brachte mir Vassilika (ob mit Wissen ihres Vaters oder nur aus eigenem Impuls, habe ich nie herausgefunden) einen Teller fenchelgewürzter Bohnen. Knossos bedeutet für mich auch den Geschmack von Fenchel in der Dämmerung und jenen Teller heimlich gereichten Essens, als wäre ich dreißig Jahrhunderte später der letzte Vagabund, der gekommen war, um am Palastportal zu betteln.

Ich wusste weder viel über die Geschichte von Knossos noch von Kreta und machte mir auch kaum Gedanken darüber. Ich wollte lieber alles selbst entdecken, Tag für Tag, in jenem noch grellen Septemberlicht, das aber schon vom Schatten der Hügel gedämpft wurde. Und ich fühlte mich nackt an diesem fast kahlen Ort: Es gab keine Geschichte, an die ich mich erinnerte, keine Archäologie zu entdecken. Nichts war da als der unmittelbare Kontakt zu einer Landschaft, die mich täglich dadurch ansprach, dass sie zwar weniger Tiefgang hatte, aber dennoch Ausdruckskraft: die Stille und Einsamkeit von Knossos im September. So habe ich den Palast, seine Fresken, seine Labyrinthe, seine Symbole kennengelernt: wie man ein Buch durchblättert, das auf jeder Seite Unvorhergesehenes bringt, wie man in ein Land aus blauen Fresken eindringt, das hinter Spiegelbildern und Zeitsprüngen verschwimmt. Es gibt dafür keinen idealeren Ort als Knossos. Die ganze Architektur des Palasts mit seinen Fluren, seinen Irrgängen, seinen Stockwerken, seinen Treppen, seinen Verliesen und seinen Kammern, mit seinen Malereien, auf denen die Bewohner der Luft, des Landes und des Meeres – die blauen Vögel, der blaue Affe, die blauen Delfine – ein azurfarbenes Märchen erzählen:

Alles das kündete mir von einer Welt, die sich von der griechischen gänzlich unterschied. Vor allem die Nächte hinterließen in mir durch ihre Klarheit, den Glanz der Sterne, den schimmernden Horizont, von dem sich das Doppelhorn des Mondes abhob, den stärksten Eindruck. Dazu das leise Zirpen der beharrlichen Grillen und der trockene Pfeffergeruch unsichtbarer Immortellen. In diesen Stunden des Halbdunkels wurden der *Prinz mit der Federkrone,* die *Kleine Pariserin,* die in unsichtbarem Wasser springenden *Delfine,* der *Rhytonträger,* die starre *Prozession der Priesterinnen* ebenso irreal, als hätten sich Figuren eines Kartenspiels plötzlich vor mir aufgerichtet. Später las ich die Geschichte von Knossos. Ich lernte die Sprache der Ausgrabungen kennen und jene Terminologie, die man wohl erfinden musste, um die Zeit in längs der historischen Achse verlaufende, aufeinanderfolgende Schichten einzuteilen: Frühminoisch I, Frühminoisch II, Frühminoisch III, Mittelminoisch, Spätminoisch und Subminoisch. Aber diese Terminologie kam mir vor wie ein durcheinandergeratenes Puzzlespiel, wie ein großes Geduldsspiel für unsterbliche Riesen. Denn nichts an dieser Zeiteinteilung konnte die erste Begegnung mit der Welt von Knossos ersetzen: jenes Gefühl, in eine gleichermaßen in der Geschichte wie im Mythos verwurzelte Welt einzudringen, als fände man morgen die Paläste, die Lichter und die Gerüche von Atlantis wohlerhalten wieder.

Trotz der Intensität und der Erregung jener Tage – einer heiteren Erregung, quellend aus Stunden voll Besinnlichkeit und Arbeit, wie sie auf jenen mittelalterlichen Miniaturen dargestellt sind, auf denen das Wort Stunde als Synonym für Jahreszeit steht – habe ich heute Mühe, mich an Einzelheiten, Neuheiten und Erkundungsgänge zu erinnern. Das liegt daran, dass mir in den folgenden Jahren Griechenland und Kreta anders erschienen, im Licht der jüngsten Geschichte, in der Gegenwart, wodurch die Zauberträume von Knossos verwischt wurden. Ich habe heute Schwierigkeiten, mir das frühe Kreta vorzustellen, so sehr erscheint es mir in der Vergangenheit versunken, die für uns ihren wesentlichen Sinn verloren hat. Das Wort Kreta ruft in mir hauptsächlich Erinnerungen an meine Aufenthalte in den Madares wach, in jenen Weißen Bergen, jenen Lefka Ori, die im Westen aufragen, an meine Wanderungen durch die Provinz Sfakia, an meine Begegnungen mit den Dorfbewohnern, an die schwarzen Silhouetten der letzten Palikari – der griechischen Freiheitskämpfer im Kampf gegen die Türken. Ohne Selbsttäuschung kann man keinerlei Verbindung herstellen zwischen dieser Welt von Knossos vor dreitausend Jahren, diesen Frauen mit nackten Brüsten, diesen Vasenträgerinnen, und den vermummten Alten der kretischen Dörfer von heute, die mager und zerbrechlich wirken wie von der Nacht umhüllte Skelette. Das moderne Kreta ist eine Welt, in der die Trauer regiert, in der seit Jahrhunderten Krieg, Partisanenkampf und Blutrache geherrscht haben. Deshalb erscheint mir heute die erste Begegnung mit Knossos so wesentlich und so zerbrechlich: Es war die Entdeckung einer Zeit der Unschuld und Lebensfreude vor den langen Jahrhunderten des Schreckens und der fremdländischen Besetzung, der letzte Traum vom Glück, der auf kretischem Boden Gestalt annahm.

Denn man spürt sehr wohl hier in dieser Welt des antiken Kreta, dass ein Glück geschaffen wurde, durch beständige und bewusste Kämpfe den dunklen Mächten abgerungen, die vielleicht durch jene Stiere und Schlangen symbolisiert werden, denen man auf Skulpturen und Fresken, in den Mythen und Riten begegnet, Mächte, denen sich die Kreter, weit davon entfernt, ihnen auszuweichen, im Licht des Tages gestellt haben. Während ich dies schreibe, fällt mir der schöne und in seiner griechischen Übersetzung eindrucksvolle Name ein, mit dem die Kreter die Große Göttin bezeichneten: Potnia theron, die Herrin der wilden Tiere. Man spürt, dass dieses Glück und diese Lebensfreude, die durch die Figuren auf den Fresken so deutlich zutage tritt, das Ergebnis eines beherrschten Nebeneinanderbestehens der Welt des Unterirdischen und der Welt der Sonne ist. In Kreta waren auch die beiden in Symbol und Funktion gegensätzlichsten Wesen zu Hause: der Minotauros und Ikaros, das chthonische Monstrum und der geflügelte Mensch, der Albtraum vom Stiermenschen und der Traum vom Vogelmenschen. Und in Kreta spielt auch die rätselhafteste der alten Sagen, die vom Labyrinth. Dädalos, dieser geniale Erfinder, der Verfertiger von Automaten und lebenden Statuen, galt als Architekt des Labyrinths, als Erfinder jener mäandrischen Linienführung, die im Gegensatz zur euklidschen Geraden die längstmögliche Verbindung zwischen zwei Punkten ist. Dädalos, der Mann der Spiralen, der Verschlingungen und unendlichen Windungen, der Anti-Euklid. Und sein Sohn Ikaros, der erste Vogelmensch, der Prinz der geraden Linien und der kürzesten Verbindung zwischen Himmel und Erde. Natürlich verraten die Ruinen von Knossos nichts davon auf den ersten Blick. Anfangs sieht man dort nichts weiter als eine Ansammlung von Höfen, Terrassen, halb wiederhergestellten Gebäuden (eigenartige Ruinen, auf halbem Weg zwischen Erinnerung und Vergessen) und eine Welt von Fresken, auf denen die Freude an Festen, rituelle Vorschriften und alle wiedererfundene Üppigkeit der Natur zum Ausdruck kommen. Die Spiele tragen hier den Sieg davon über die Jagd und den Krieg, das Lachen siegt über die Trauer, und überall ist die Bedeutung gegenwärtig, die hier in den Riten, den Festen und Spielen den Frauen zukommt und die an jene andere Welt des süßen Lebens erinnert, an jene andere, gleichfalls versunkene Kultur: die höfische Minne und die Kultur der occitanischen Städte. Vielleicht liegt darin nur eine Zufallsverwandtschaft? Wie die occitanische, so ist auch die kretische Kultur verschwunden, vernichtet worden durch Katastrophen, die nur diese verzauberten Reste von ihr übrig gelassen haben. Aber hier wurde zweifellos eine Lebenskunst geübt und praktiziert, die in den Augen – wie auch auf den Lippen – einen Geschmack vom verlorenen Paradies hinterlässt.

Weil auf ihrem Gipfel nurmehr wenige spärliche Überreste zu finden sind, weil sie vor dem Himmel, den Bergen und dem nahen Meer nur noch wie ein Plan aus Linien und Steinen wirken, zeigen uns die Paläste von Phaestos und Hagia Triada, südlich von Knossos gelegen, ein anderes Bild von Kreta. Hier gibt es keine blau- und ockerfarbenen Fresken mehr, keine labyrinthischen Gänge, keine zwiegespaltenen Symbole (Doppeläxte und Doppelhörner), keine verworrenen Ruinen, kein Wunderland einer kretischen Alice, sondern Fels- und Grasstrände, kahle Hochplateaus über der Ebene und flimmernde Wäldchen. Ich erinnere mich, dass ich, kaum auf dem Gipfel des hohen Hügels in Phaestos angekommen, hingerissen war von dem Himmel und dieser dunkelgrünen, von Orangenbäumen bedeckten Ebene, umrandet von Bergen, an deren Flanken sich weiße Dörfer abzeichneten. Ich war im Morgengrauen zu Fuß von Knossos aufgebrochen (Vassilika überließ ich unter der Weinlaube in ein Laken gehüllt ihrem Schlaf) und lange auf der staubigen Straße gelaufen, wo mir Lastwagen mit Gemüse und Obst auf dem Weg nach Herakleion begegneten (einer von ihnen hielt auf dem Rückweg an, um mich mitzunehmen und eine Stunde später am Fuß der Akropolis abzusetzen). In Knossos vergisst man das Meer, denn die Stadt liegt landeinwärts, umgeben von Feldern und Hügeln, die die Küste dem Blick entziehen. In Phaestos und mehr noch in Hagia Triada scheint das Meer ganz nah zu sein, so nah, dass man mit dem Geruch der trockenen Gräser Salz und Gischt einzuatmen glaubt. Zum Meer hin blicken diese Paläste auf jenen Horizont, der Libyen verdeckt, das so nahe bei Kreta liegt, dass man, wenn der *notos* weht, der heftige und launische Südwind – den die Seeleute darum auch den *palavonotia,* den Verrückten, den Launischen, nennen –, Sand aus Libyen in die Augen bekommt. Afrika ist da, unmittelbar jenseits des weißen Meeres, unmittelbar hinter jenen Palmen, die schon daran erinnern, und man fühlt sich hier am Rand einer Welt, die Europa den Rücken kehrt, einer Welt, die mit ihren Palmen, ihren Sandbuchten und ihrem warmen Wind wie ein Spiegelbild, wie der Reflex der libyschen Syrten wirkt.

Um mich herum auf dem Hügel ringsum die Steine, und dazwischen wächst langes Gras. Ich betrachte es und versuche die Dolden zu entdecken, die Spiralformen der Lilien und der Papyri, die auf den großen minoischen Vasen dargestellt sind. Aber es gibt die gleichen Blumen nicht mehr. Hat die Erde sich verändert? Hat der Kreter von heute die Pflanzen von früher vergessen? Hat er für immer jenen Blick verloren, den seine Vorfahren auf die belebte Welt richteten, ihre Vorliebe für die Tintenfische, die Muscheln, die Fische, die Vögel, die Lilien, die Papyri, diese ganze auf den Fresken und Töpferwaren geschilderte und gefeierte Welt aus Dolden, Kreisen und Ovalen, aus Fangarmen, Mäandern, lebendigen Spiralen, wie ein Labyrinth aus Schäften und Armen, in dem sich die Schönheit verfangen hat? So geschmückt und bedruckt mit den bedrängenden Botschaften des Lebens, erscheint jede minoische Vase wie eine drall gerundete Hand, die die geheimen Gesetze und Abweichungen einer Welt in sich schließt, die niemand mehr wahrnimmt. Ich frage mich übrigens, wenn ich an all diese Zeichnungen denke, an diese Hymnen in Linie und Form, ob alles das in Kreta nicht das Werk weiblicher Künstler war. Ein absurder Gedanke auf den ersten Blick, da die Töpferei vor allem Männerarbeit war. Aber das feminine Element ist auf dieser Insel und vor allem in den beiden Palästen des Südens derart gegenwärtig, der feminine Duft ist so überwältigend, dass man nicht umhin kann, den Einfluss der Frauen, ihren Blick und vielleicht auch ihre Hand auf diesen Tonkunstwerken zu erahnen. Phaestos ist eine weibliche Akropolis, ebenso Hagia Triada und noch weitere, weniger bekannte Anlagen, die in den Bergen des östlichen Kretas versteckt liegen wie Zakros, Lato und Dreros. Fraueninsel, schimmernder Leib mit dem Nabel des blauen Vogels, spiralen- und labyrinthgeäderte Matrix, Polypenmitte und Lilienirrgarten, Erdnabel, aus dem eine selbst in Griechenland später nie wieder gefundene Schönheit geboren wurde, eine frei entfaltete Schönheit in den Schwingungen des Glücks.

In Bezug auf Frauen hatte Phaestos eine Überraschung für mich parat. Als ich bei Einbruch der Nacht in das kleine Haus des Wärters zurückkehrte, das bei meiner Ankunft verlassen gewesen war, traf ich dort zwei junge Studentinnen aus Athen. Sie hießen Artemis und Kleopatra und sprachen bewundernswert gut Französisch. Neben ihnen bewegte sich eine gestikulierende Gestalt, ein seltsam klein gewachsenes und herumwirbelndes Wesen mit unruhigen, lachenden Augen, das sich auf mich stürzte und rief: »Endlich! Endlich ein Besucher!« Sein Name war Alexandros, und Artemis erklärte mir, dass er seit Jahren der Wärter von Phaestos sei und seit dem Krieg praktisch einsam lebe. Ich war der erste Ausländer, den hier zu empfangen er das Vergnügen und die Ehre hatte, was er als Zeichen für den wiedergefundenen Frieden nahm. Als ich Jahre später den *Koloß von Maroussi* von Henry Miller las, erkannte ich in dessen Beschreibung denselben Alexandros wieder, der sich an jenem Abend auf mich gestürzt und mich umarmt hatte. Es war derselbe überschwängliche, redselige, großzügige Mensch, der sich unerschöpflich über die

Geheimnisse von Phaestos verbreitete. Und ich war betroffen, als ich Millers Buch las und bemerkte, dass ich ganz dasselbe Gefühl empfunden hatte wie er, als ich auf die Akropolis zuging: einen körperlichen Eindruck von der Nähe des Himmels über der Erde, wie in der Urzeit der Welt, als Himmel und Erde noch eng umschlungen miteinander existierten.

An jenem Abend setzte ich mich, nachdem wir auswärts gegessen hatten, mit Artemis auf die Stufen des Freilichttheaters. Der Himmel war voll von Myriaden von Sternen, und ich erinnere mich, dass wir uns stundenlang über Theater und vor allem über Racine unterhielten. Artemis kannte ihn auswendig und fing an, mitten in der Orchestra stehend, Szenen aus *Phädra* zu rezitieren. Heute fände ich es ärgerlich, nach Kreta zu kommen, um dort Erinnerungen an die Schulzeit wiederzufinden. Aber an jenem Abend war alles schön, ruhig, fast großartig: der Himmel, die Sterne und in der Nacht, in der ich die Umrisse ihrer Gestalt nur ahnen konnte, die singende Stimme von Artemis, die Racine deklamierte. Dieser Tag endete in der nächtlichen Begeisterung, wie er mit der Verzauberung des Morgengrauens begonnen hatte: erst Vassilikas schlafender Körper unter dem Weinspalier, mit dem Laken, unter dem sich ihre Brust abzeichnete, im Lauf des Tages dann meine erste Begegnung mit der kretischen Landschaft, die Freundlichkeit der Bauern, die mir unterwegs Feigen und Weintrauben anboten, die Entdeckung von Phaestos und die des großen Frauenleibs von Kreta und schließlich nach dem wunderbaren Abendessen mit einem schweren und fruchtigen kretischen Wein diese nächtliche Stimme, die wie der Mund der Nacht im Dunkel sprach. Die Geister Racines traten auf und verschwanden nacheinander im Geruch des taufrischen Grases. Dann kam Artemis und setzte sich neben mich, der ihr ohne ein Wort gelauscht hatte – der Duft ihres Körpers, vermischt mit dem der warmen Steine und der

Erde –, und auf meiner Hand der Druck ihrer Finger. Wir küssten uns lange, bevor wir ins Haus von Alexandros zurückkehrten. Ja, Kreta ist immer noch das Land der Frauen.

Von Phaestos nach Vorri gehen, dem weißen Dorf, das man an der Flanke der Madaresberge sieht, gleich gegenüber der Akropolis, bedeutet, dreitausend Jahre in wenigen Augenblicken zu durchmessen. Eine unvergessliche Begegnung, denn in diesem Dorf lernte ich zum ersten Mal die griechische Gastfreundschaft kennen. Ich hatte gerade die orangenbewachsene Messara durchquert und war bei den ersten Häusern angelangt, als mich eine Männerstimme von einer hoch gelegenen Terrasse herab ansprach. Der Mann hatte einen langen Schnauzbart, helle Augen, einen schwarzen Turban um den Kopf und schaute ziemlich wild, kurz, er sah so eindrucksvoll aus, dass ich mich fragte, als er durch eine autoritäre Geste bedeutete, zu ihm heraufzukommen, was er mir wohl tun wolle. Was dann passierte, war sehr einfach: Kaum war ich oben angekommen, als er sich auf mich stürzte, mich lachend an seine Brust drückte, mir kräftig auf die Schultern schlug, ohne mir Zeit zu lassen, meinen Rucksack abzulegen. Er hieß mich auf einer Bank Platz nehmen, scheuchte zwei Frauen herum, die nicht begriffen, was geschehen war, rief etwas zu einer benachbarten Terrasse hinüber und lachte, während er mit der Hand die gleiche Geste beschrieb, die ich bei dem Mönch des Meteoraklosters gesehen hatte: Er legte die Fingerspitzen aneinander und rief dabei: Oraio! Oraio! Kurz, er bot mir die kretische Gastfreundschaft an! Die Frauen, in schwarzen Schleiern, mit nackten Füßen, die eine jung und drall, die andere faltig, das Gesicht verzehrt von schwarz glänzenden Augen, machten sich emsig zu schaffen. Sie brachten Gläser, zwei Krüge, Käse, und bevor ich noch Zeit zum Atemholen gefunden hatte, trank ich schon ein Glas Treber, Tsipouro, wie man hier sagt, und aß dazu Misithra, einen trockenen, porösen Käse, den man in Kreta aus Ziegenmilch macht und dessen Geschmack ich von einem Ende des Landes zum andern immer wieder begegnen sollte. Alles an diesem Augenblick war neu für mich: die unerwartete Aufnahme, das Hin und Her der Frauen, das Gedränge der schreienden Kinder, die alle den Fremden auf der Nachbarterrasse sehen wollten, der herbe Geschmack des Tsipouro, die trockene Würze des Käses – den der Mann mit beflissener Miene anschnitt, nachdem er sein Messer an den Steinen abgewischt hatte –, eines typischen Gebirgskäses, den man in diesem so nah am Meer liegenden Dorf nicht erwartet hätte (er brachte einen Geruch von trockenen Hängen mit sich, von sonnenwarmen Ziegenfellen, von saurer Milch, eine ländliche und heiße Welt, wie es die von Sardinien oder Korsika ist). Alles das vermittelte mir in seiner Art die Einsicht, dass Kreta ein Kontinent ist und nicht nur eine Insel. Auch die Männer waren nicht vom Schlag des Seevolks. Manche trugen die für Kreta typische, bauschige schwarze Hose, das Fransenhalstuch und schwarze Stiefel. Eine Stunde lang haben wir so, nur unter Männern, gegessen und getrunken. Die Frauen kamen und gingen, um zu bedienen, oder sie verweilten unbeweglich, schweigsam, die Hände über den Röcken gefaltet, hinter dem Tisch, in Erwartung der Befehle der Herren und Meister. Auch das war neu für mich: diese Unterwürfigkeit, diese Bescheidenheit der Frauen. Immerhin hörte ich aus der Küche, wo sie versammelt waren, ersticktes Gelächter und verstohlene Unterhaltungen dringen, was mich ein wenig beruhigte: Sie amüsierten sich also auf ihre Weise in einem Reich, in dem die Männer nicht zugelassen waren. Nur eine ältere Frau bediente die Männer nicht. Sie hockte etwas weiter weg, an die Terrassenbrüstung gelehnt, gleichgültig gegenüber dem Treiben. Von meinem Platz aus sah ich, wie sich ihre Lippen rhythmisch bewegten, als ob sie bete oder etwas vor sich hin trällere. Zweimal begegnete mein Blick dem ihren: einem leeren und durchsichtigen Blick. Seltsamerweise ist sie es, die sich meinem Gedächtnis am besten eingeprägt hat, diese zusammengeschrumpfte Gestalt mit den zitternden Lippen, eine abwesende, abgezehrte schwarze Statue, wie man sie zu Tausenden sieht in den griechischen Dörfern. Sie machen den eigenartigen Eindruck, als hätten sie weder Gewicht noch Vergangenheit, als wären sie so geboren worden, zusammengekrümmt über ihr Schicksal, mit ihren Falten und ihrem leeren Blick, festgeklebt an ihr Dorf, an ihr Haus, an ihren Terrassenwinkel, von der Geburt bis zum Tod, so wie die Auster an ihrem Felsen hängt.

Wir haben lange getrunken und geplaudert, bis zum Einbruch der Nacht. Nachbarn, die durch den Lärm angezogen wurden, kamen ständig hinzu. Manche setzten sich zu uns und musterten mich verstohlen. Andere verhielten sich still, lehnten hier und dort wie schwarze Engel. Ich war der erste Ausländer, der seit Kriegsende in dieses Dorf kam; das war ein Fest wert. Wenn ich sage, dass wir lange geplaudert haben, ist das natürlich übertrieben. Die Unterhaltung beschränkte sich auf Gesten und Mienenspiel, versetzt mit ein paar Brocken Deutsch, der einzigen Fremdsprache, die meine Gastgeber ein wenig verstanden. Ich lernte an jenem Abend auch zum ersten Mal das Ritual der Gastfreundschaft kennen: Nachdem man gegessen und getrunken hat, wird vom Gast irgendetwas erwartet, eine Erzählung, eine Geschichte oder nur die Antwort auf zahlreiche Fragen, die man ihm stellt. Es sind immer die gleichen Fragen, und sie wiederholen sich in allen Dörfern mit solcher Präzision und in immer demselben Ton, dass ein uneingeweihter Reisender glauben könnte, alle griechischen Bauern hätten sich abgesprochen. Aber nein: Diese Fragen, diese Neugier, sie quellen spontan und natürlich seit dreitausend Jahren in unwandelbarer Reihenfolge von griechischen

Lippen. Es beginnt mit: Apo pou issai – Woher kommst du? Aus Frankreich, Deutschland, England, Amerika? Dann folgt: Wie alt bist du? Bist du verheiratet? Hast du Kinder? Hast du noch deine Eltern? Was für einen Beruf hast du? Und erst wenn man auf dieses Verhör geantwortet hat (dessen Sinn natürlich nicht darin besteht, den exakten Namen, Familienstand und die Familiensituation in Erfahrung zu bringen, sondern vielmehr, das alles aus dem Schweigen, dem Zögern, den Blicken jenseits der Worte und Definitionen zu erschließen), kommt die letzte Frage: Se aressi i Hellada – und Griechenland, gefällt es dir? Danach kann man mit der Erzählung von seinen Reisen beginnen, von Paris sprechen (das seinerzeit alle Griechen, denen ich begegnete, von den kretischen Bauern bis zu den Mönchen von Athos, zu faszinieren schien, als die Quintessenz der Stadt schlechthin, die Weltstadt, eine aus Furcht und Schrecken gemischte Vorstellung wie von einem modernen Babylon) oder besser noch, über Politik diskutieren. Ich erinnere mich, dass ich an jenem Abend zum ersten Mal den Namen Plastiras fallen hörte (der in dem Jahr Regierungschef war) und den seines Gegners, des Generals Papagos. Sehr schnell ging die Unterhaltung übrigens unter den Kretern weiter, und ich lauschte der sich anschließenden lebhaften Diskussion und versuchte, ein paar Brocken zu erhaschen. Es fällt mir heute schwer, mich an die ersten Eindrücke zu erinnern, die ich empfing, als ich dem Neugriechisch zuhörte. Die lateinische, die italienische und die spanische Sprache lassen hier und dort ein paar Worte, ein paar vertraute Klänge im Verständnisfilter zurück. Nichts dergleichen beim Neugriechischen. Mag es auch zur selben linguistischen Gruppe wie das Französische gehören, ein phonetischer Abgrund klafft zwischen den beiden Sprachen. Außerdem verwundert es, keinen Ton herauszuhören, der an das Altgriechische erinnert. Ich weiß sehr gut, dass man in den Schulen und Fakultäten darauf beharrt, jene lächerliche, sogenannte erasmische Aussprache zu lehren, die die sanften, geflöteten, manchmal zischenden Laute der alten Sprache malträtiert, deformiert, verstümmelt und zerschneidet! Es genügt, einmal im Leben einem Griechen von heute – am besten einem Dichter oder Schauspieler – beim Rezitieren des Anfangs der *Ilias* in der modernen Aussprache zugehört zu haben (in meinem Falle besorgte dies der Dichter Seferis zu der Zeit, als ich seine Gedichte übersetzte), um unmittelbar zu spüren, dass der Klang des Altgriechischen niemals jenem rauen und barbarischen Ton geglichen haben kann, den Erasmus erfand. Damit will ich ausdrücken, dass ich in jenem Dorf und auf jener Terrasse, von der aus ich das Meer in der Ferne schimmern sah, mit von Wein und Tsipouro schon schwerem Kopf, die Männer über die unterschiedlichen Verdienste von Plastiras und Papagos in einer Sprache diskutieren hörte, die für mich eine zwar harmonische, aber unverständliche Musik war. Und an diesem selben Abend hatte ich angesichts dieser nahezu unbekannten Sprache das Gefühl, dass Griechenland – und mehr noch Kreta – im Grund wenig mit dem Abendland gemein hat. Diese Reise in das Mutterland unserer Ideen, zu den Ursprüngen unserer Vernunft, zur hellen Quelle unserer Träume und unserer Sagen entdeckte mir einen Ahnen, den ich nicht kannte und der eine in ihrer Lautgestalt so verwirrende Sprache, untermalt von so orientalischer Gestik, sprach, dass ich mich verwirrt fühlte. Als ob man mir als Kind, als Jungen, eines Abends mitgeteilt hätte, dass mein richtiger Vater und meine richtige Mutter nicht diejenigen wären, die mich aufgezogen hatten.

In Kreta habe ich den nächtlichen Himmel erst richtig gesehen. Mit seinen riesigen Sternen, den Neumondnächten, seiner Ebenholzfarbe und seinen Sternzeichen, die hier eigene Namen haben: Die Pleiaden heißen I Poulia, der Kükenkäfig, der Große Bär Anapodokarano, das gekenterte Schiff, die Milchstraße O Jordanis, der Jordan. Am meisten hat mich dies beeindruckt: der so nahe, lebendige Himmel, dessen Vorhandensein ich schon vergessen hatte und den ich jede Nacht neu entdeckte und wiederentdeckte, verbunden mit dem Geruch und der Gegenwart der Erde. Während der ersten Monate meiner Reise verbrachte ich fast jede Nacht draußen, schlief am Strand, auf Hausterrassen oder Dreschplätzen. Ich habe selten so stark wie in jenen Jahren die Trunkenheit der totalen Freiheit empfunden, das Gefühl, ein glücklicher Nomade zu sein ohne andere Bindung als die an das Dorf oder das Gesicht, das mich für einen Abend aufnehmen würde. Und ich verfolgte nichts Bestimmtes, als ich so lebte und reiste: keine Botschaft, kein Ziel, keine Geheimlehre, keine Einführung. Ich hielt mich nicht für Theseus oder Parzival. Nein, ich ließ meinen Körper, all meine Sinne sich dem Rhythmus und Gewicht der Wege anpassen und anverwandeln, als stürben jeden Tag Tausende von Zellen in mir ab, damit andere entstehen könnten. In Kreta spürte ich zum ersten Mal, wie sich mein alter Körper läuterte und sich ein neuer Körper formte. Warum nur habe ich, ein Kind aus dem Loire-Tal, der ruhigen und lieblichen Landschaft, Kreta so geliebt, die Schönheit, aber auch die Schroffheit seiner Berge und Landschaften?

Ich verdanke es wirklich einer glücklichen Veranlagung meiner Natur (wie man sich in alten Erzählungen ausgedrückt hätte), dass ich mich sehr schnell den Bräuchen, Essgewohnheiten und der Lebensart des Ortes anpassen kann, durch den ich komme. Das ist nicht immer ganz einfach, selbst für einen Fünfundzwanzigjährigen nicht. Man benötigt ein Minimum an organischer Gesundheit, einen kräftigen Magen, eine folgsame Leber, tolerante Geschmacksnerven, die, ohne allzu rebellisch zu werden, um zwei Uhr früh den Tsipouro nach dem Bananenlikör annehmen, den Ziegenjogurt, der zwei Tage inmitten von Fliegen gestanden hat, oder das gelbe, manchmal grüne Wasser der Zisternen, in die es lange nicht geregnet hat. Aber bei alledem habe ich die Freuden eines Körpers empfunden, der nur auf neue Weise ernährt, ermüdet und entspannt wird, vornehmlich durch das, wodurch ein Land zuallererst zu einem spricht: durch die neuen Substanzen, die eigenartigen Flüssigkeiten, die man sich organisch einverleibt. Kreta lehrte mich das alles durch seine Gebirgsnahrung, seinen trockenen Käse, seine Oliven, seine Früchte, seinen Spelzbrei, sein Schwarzbrot, seinen Roséwein und andere Genüsse, die ich entdeckte: die Körner und das Sesamöl, den in der Sonne getrockneten Fenchel, das frische Basilikum, den Harzhonig und überall den Geschmack und den Geruch nach Ziege, der selbst den Kleidern anhaftet, weil man in den Dörfern auf Brettern schläft, die mit Ziegenfellen bedeckt sind.

Einmal habe ich sogar einen Adler gegessen. Nicht in einem Dorf, sondern in Herakleion, an einem der letzten Tage meiner ersten Reise. Ich wohnte bei Antonio, dem Hafenkapitän, in einem verlassenen Haus, das ihm gehörte und das er mir für die Zeit zur Verfügung gestellt hatte, bis er ein Schiff für meine Abreise gefunden hatte. Antonio war ein Mann von enormer Leibesfülle, er wog sicher seine hundertzwanzig Kilo. Anfangs gab ich darauf kaum acht. Aber da die Pflichten der Gastfreundschaft mich zwangen, ihn zu seinen Festessen und Saufgelagen zu begleiten, verbrachten wir unsere Nächte in sämtlichen Hafentavernen und tranken Retsina, Roséwein, Tsipouro, Raki und Ouzo. Das Abenteuer begann aber erst, wenn Antonio stockbetrunken auf seinem Stuhl zusammensackte. Dann musste man ihn nach Hause bringen! Herakleion bleibt für mich immer mit diesen endlosen Nächten verbunden, in denen ich versuchte, unterstützt von drei Helfershelfern, die mehr oder weniger fest auf ihren Beinen standen, diese starre und furchterregende Masse durch die Gassen zu transportieren. Alle hundert Meter legten wir ihn auf die Erde, um selbst wieder zu Kräften zu kommen, während Antonio, zwar unfähig, sich zu erheben, nicht aber zu singen oder zu grölen, uns mit einer Salve von Flüchen eindeckte, die ich nicht verstand und die mir die andern ganz offensichtlich nicht übersetzen wollten. Bei ihm zu Hause angekommen, mussten wir ihn noch über eine unmögliche Treppe in den ersten Stock hinauftragen, in sein Junggesellenzimmer, einen Raum, den er sicher nur einmal im Jahr lüftete, denn es mischten sich darin die Gerüche von ranzigem Urin, Tabak und Weihrauch. Aber dieser Antonio war es auch, der den ganzen Hafen in Aufruhr versetzte, um einen in See stechenden Kapitän aufzutreiben, der bereit war, mich unentgeltlich an Bord zu nehmen. Drei Tage später verkündete er mir, dass ich am nächsten Tag nach Santorin abfahren könne, und er fügte mit geheimnisvoller Miene hinzu: »Heute Abend machen wir beide ein Junggesellenessen. Ich habe eine Überraschung für dich.«

Die Überraschung war ein Adler, den er selbst zubereitet hatte, mit einer entsetzlich scharf gewürzten Weinsoße. Ein ganzer Adler, den wir beide allein verzehren mussten. In meinem ganzen Leben habe ich nicht so zähes Fleisch gegessen wie dieses. (Doch, ein zweites Mal in Kreta, in einem Dorf im Süden: eine hundertjährige Ziege, die man mir zu Ehren schlachtete, denn man wollte mir um jeden Preis Fleisch anbieten, und es gab kein anderes Fleisch als dieses Unglückstier mit ausgemergelten Eutern. Die Gendarmen »requirierten« sie bei einer armen Alten, die sie nicht herausgeben wollte und zeterte, aber es half nichts. Auch da mussten wir zu viert eine ganze Ziege verzehren, die so hart war wie Holz und nach ranzigem Talg schmeckte.) Wo hatte Antonio diesen Adler nur aufgetrieben? Bestimmt war es ein krankes Tier, das sich in einen Garten geflüchtet und dem er mit Stockschlägen den Rest gegeben hatte. Das Fleisch hatte einen öligen Geschmack, da der Vogel sich wahrscheinlich von Aas genährt hatte, im Gegensatz zu den Adlern des Ida, von denen man sagt, dass sie nur jungfräuliche Schafe fressen und Gletscherwasser trinken! An jenem Abend hatte Antonio übrigens eine ritterliche Anwandlung, für die ich ihm nach fünfundzwanzig Jahren immer noch dankbar bin. Er erhob sich leicht schwankend vom Tisch und sagte mit rauer, aber freundschaftlicher Stimme: »Ich gehe jetzt lieber schlafen. Gute Nacht und vergiss nicht: Morgen früh um fünf Uhr im Hafen.«

Tatsächlich schlief ich nicht. Ich hatte zu große Angst, die Koralia zu verpassen, einen kleinen Frachter, der nach Santorin fuhr, um dort Vulkanerde zu laden, und der anschließend Eleusis anlief. Und dann muss ich auch zugeben, dass mein Magen zum ersten Mal streikte. Er war noch nicht kretisch genug, um einen halben Adler im Handumdrehen zu verdauen.

Den Sternen ein bisschen näher

Henry Miller

Zwanzig Jahre hindurch war es mein Traum gewesen, Knossos kennenzulernen. Ich hatte nie gedacht, dass es so einfach sein würde, diese Reise zu machen. In Griechenland braucht man nur den Wunsch zu äußern, irgendwohin gehen zu wollen, und hopp, schon nach ein paar Momenten steht ein Vehikel wartend vor der Tür. Diesmal war es ein Flugzeug. Seferiades hatte beschlossen, dass ich mit allem Prunk reisen solle; es war eine poetische Geste, die ich wie ein Poet annahm.

Es war das erste Mal, dass ich ein Flugzeug bestieg, und es wird wohl das letzte Mal gewesen sein. Es kam mir blöde vor, mit gefalteten Händen in der Luft zu sitzen; mein Nachbar las Zeitung, offensichtlich sah er nicht die Wolken vor den Fensterscheiben. Wahrscheinlich machten wir hundertfünfzig Kilometer in der Stunde, aber da wir nur durch Wolken flogen, hatte ich nicht den Eindruck, als bewegten wir uns. Kurz gesagt, es war ausgesprochen langweilig und sinnlos. Ich bedauerte, dass ich nicht das schöne Schiff Akropolis, das binnen Kurzem nach Kreta fahren sollte, genommen hatte. Der Mensch ist dazu geschaffen, auf der Erde zu wandern und die Meere zu befahren; die Eroberung der Luft ist einem späteren Stadium seiner Entwicklung vorbehalten, wenn ihm echte

Flügel gewachsen sind und er die Gestalt eines Engels angenommen hat, was er ja seinem eigentlichen Wesen nach ist. Mechanische Vorrichtungen haben nichts mit der wirklichen Natur des Menschen zu tun, sie sind lediglich Fallen, die der Tod ihm gestellt hat.

Das Flugzeug landete bei der Hafenstadt Heraklion, einer der wichtigsten Städte Kretas. Die Hauptstraße würde einen prachtvollen Hintergrund für einen drittklassigen Wildwestfilm abgeben. In einem der zwei Hotels fand ich gleich ein Zimmer und machte mich dann auf die Suche nach einem Restaurant. Ein Gendarm, den ich ansprach, nahm mich am Arm und führte mich freundlich zu einem bescheidenen Lokal in der Nähe des öffentlichen Brunnens. Das Essen war schlecht, aber ich war nun in der Nähe von Knossos und war viel zu aufgeregt, um mich durch solche Kleinigkeiten stören zu lassen. Nach dem Essen ging ich über die Straße in ein Café und trank türkischen Kaffee. Zwei Deutsche, die im selben Flugzeug wie ich angekommen waren, besprachen einen Vortrag über Richard Wagner, den sie am Abend halten wollten. In ihrer Beschränktheit schienen sie gar nicht zu merken, dass sie mit ihrem musikalischen Gift in die Heimat Venizelos' gekommen waren. Ich ging hinaus und schlenderte ein wenig durch die Stadt. Nach ein paar Schritten kam ich zu einer ehemaligen Moschee, die in ein Kino umgebaut war, das einen Film von Laurel und Hardy anzeigte. Die Kinder, die sich vor den Plakaten drängten, waren offensichtlich von diesen beiden Clowns ebenso begeistert wie die Kinder einer amerikanischen Kleinstadt. Ich glaube, das Kino hieß Minos, und ich fragte mich, ob es wohl in Knossos ein Kino gäbe, das vielleicht einen Film mit den Marx Brothers vorführte.

Heraklion ist eine schäbige Stadt, die deutlich die Spuren der türkischen Herrschaft zeigt. Die Hauptstraßen sind voll von offenen Läden, in denen wie im Mittelalter alles, was der

Mensch benötigt, mit der Hand hergestellt wird. Die Kreter kommen vom Land herein in schöner schwarzer Kleidung und eleganten, mit rotem oder weißem Leder verzierten hohen Stiefeln. Nach den Hindus und den Berbern sind sie die edelsten, würdigsten und schönsten Männer, die ich je gesehen habe. Sie sind viel eindrucksvoller als die Frauen, sie sind eine Rasse für sich.

Ich ging zum Stadtrand, wo, wie stets im Balkan, alles jäh zu Ende ist, als sei der Herrscher, der diese wunderliche Stadtplanung erdacht hatte, plötzlich wahnsinnig geworden und habe das große Tor an einer Angel hängend offen stehen lassen. Die Autobusse sammeln sich hier an wie zusammengebrochene Raupen, die darauf warten, vom Staub der Ebene verdeckt zu werden und in Vergessenheit zu geraten. Ich machte kehrt und tauchte im Labyrinth der engen, gewundenen Straßen des Villenviertels unter, das, obwohl durch und durch griechisch, die Atmosphäre eines englischen Außenpostens auf den Westindischen Inseln hat. Ich hatte lange darüber nachgedacht, wie Kreta auf mich wirken würde: In meiner Unwissenheit hatte ich angenommen, dass die Insel spärlich bevölkert sei und dass es dort kein Wasser gebe außer jenem, das vom Festland herangeschafft wird. Ich hatte mir Knossos als eine kahle Wüste vorgestellt, mit ein paar schillernden Ruinen und dahinter ödem Land, das den weiten Flächen Australiens gleicht, wo der Vogel Strauß, gemieden von den andern gefiederten Tieren des Busches, verloren den Kopf in den Sand steckt. Ich erinnerte mich, dass sich ein Freund von mir, ein französischer Schriftsteller, auf der Insel die Ruhr geholt hatte und auf einem kleinen Esel zu einem Kahn gebracht wurde, von dem aus er wie durch ein Wunder auf einen vorbeifahrenden Frachtdampfer transportiert wurde und delirierend zum Festland zurückkam. Ich wanderte wie betäubt umher, blieb zuweilen stehen und lauschte dem Plärren eines

Trichtergrammofons, das auf einem Stuhl in der Mitte der Straße thronte. Die Metzger standen mit blutroten Schürzen vor primitiven Hackklötzen in kleinen Buden, wie man sie in Pompeji noch sehen kann. Die Straßen mündeten meist auf Plätze mit irrsinnigen Gebäuden, die der Rechtsprechung, der Verwaltung, der Kirche, dem Unterricht, der Krankheit, dem Wahnsinn geweiht waren: Die Architektur war von jenem erstaunlichen Realismus, der die Arbeit so populärer Primitiver wie Bombois, Peyronnet, Kane, Sullivan und Vivin charakterisiert. In dem blendenden Sonnenlicht hoben sich gewisse Einzelheiten, ein Gittertor zum Beispiel oder eine harmlose Bastei, mit haarsträubender Genauigkeit ab, wie man es nur auf Gemälden von ganz Großen oder von Irrsinnigen findet. Jeder Zollbreit von Heraklion ist malenswert; es ist eine wirre, eine bedrückende Stadt, völlig anomal, völlig heterogen, eine Traumstadt, die in einer Leere zwischen Europa und Afrika schwebt und stark nach rohen Häuten, Kümmelsamen, Teer und subtropischen Früchten riecht. Das Land war von den Türken vergewaltigt und mit harmlosen Rosenwasserdämpfen aus Büchern von Charles Dickens verseucht worden. Es hat keinerlei Beziehung zu Knossos oder Phaistos; es ist minoisch, so wie Walt Disneys Figuren amerikanisch sind; es ist ein Furunkel auf dem Gesicht der Zeit, eine wunde Stelle, die man reibt, wie es ein Pferd im Schlaf tut.

Ich hatte ein Empfehlungsschreiben an die führende literarische Persönlichkeit von Kreta, einen Freund von Katsimbalis. Gegen Abend traf ich ihn in dem Café, in welchem die Deutschen ihre wagnerischen Anschläge ausgeheckt hatten. Ich werde ihn Herrn Tsoutsou nennen, da ich seinen Namen leider vergessen habe. Herr Tsoutsou sprach Französisch, Englisch, Deutsch, Spanisch, Italienisch, Russisch Portugiesisch, Türkisch, Arabisch, Volksgriechisch, Zeitungsgriechisch und Altgriechisch. Er war Komponist, Dichter, Gelehrter und

Liebhaber von gutem Essen und Trinken. Sogleich fragte er mich nach James Joyce, T. S. Eliot, Walt Whitman, André Gide, Breton, Rimbaud, Lautréamont, Lewis Caroll, Monk Lewis, Heinrich George und Rainer Maria Rilke. Er fragte mich nach ihnen, wie man sich nach einem Verwandten oder einem gemeinsamen Freund erkundigt, und sprach von ihnen, als seien sie alle noch lebendig – was sie Gott sei Dank auch sind. Ich griff mir an den Kopf. Dann sprach er von Aragon, ob ich *Le Paysan de Paris* gelesen hätte? Ob ich mich an die Passage Jouffroy in Paris erinnerte? Was ich von Saint-John Perse hielte? Oder von *Nadja* von Breton? Ich müsse wenigstens ein paar Wochen bleiben, er würde mir die Insel von einem Ende bis zum andern zeigen. Er war ein frischer, munterer Geselle, und als ich ihm sagte, dass ich ein großer Freund von Essen und Trinken sei, strahlte er. Er bedauerte sehr, dass er am Abend nicht frei sei, aber er hoffe, mich am nächsten Tag zu sehen. Er wolle mich in den kleinen Literatenkreis von Heraklion einführen. Es erregte ihn sehr, dass ich aus Amerika stammte, und er bat mich, ihm von New York zu erzählen, was ich kaum fertigbrachte, da ich mich schon lange nicht mehr mit dieser abscheulichen Stadt identifizierte.

Ich ging ins Hotel zurück, um ein bisschen zu schlafen. In meinem Zimmer standen drei Betten, alle sehr bequem. Aufmerksam las ich eine Inschrift, in der die Gäste gebeten wurden, dem Personal kein Trinkgeld zu geben. Das Zimmer kostete siebzehn Cent pro Nacht, und ich erging mich in nutzlosen Berechnungen, wie viel Drachmen man als Trinkgeld geben würde, wenn man es tun dürfte. Es waren nur drei oder vier Gäste im Hotel. Als ich auf den breiten Korridor trat, um die Toilette zu suchen, traf ich das Zimmermädchen, eine engelhafte alte Jungfer mit strohigem Haar und wasserblauen Augen, die mich lebhaft an die swedenborgische Hüterin der Maison Balzac in Passy erinnerte. Sie brachte mir auf einem

Tablett aus Blei, Zink und Zinn ein Glas Wasser. Dann zog ich mich aus, und als ich die Jalousien herunterließ, sah ich, dass mich zwei Männer und eine Stenotypistin vom Fenster eines gegenüberliegenden ausländischen Geschäftshauses aus anstarrten. Es kam mir unwirklich vor, dass in einer Stadt wie Heraklion nüchterne Geschäfte durchgeführt wurden. Die Schreibmaschine sah surrealistisch aus, und die Männer, mit aufgerollten Hemdsärmeln, wie in allen Geschäftshäusern der Welt, hatten eine unglaubliche Ähnlichkeit mit den Gaunern unserer westlichen Welt, die Wagenladungen von Weizen und Korn mittels Telefon, Telegraf und Fernschreiber verschieben. Man stelle sich vor, man träfe auf der Osterinsel zwei Geschäftsleute und eine Stenotypistin! Man stelle sich vor, wie eine Schreibmaschine in dieser ozeanischen Stille klingen würde! Ich ließ mich aufs Bett fallen und versank in einen tiefen, betäubenden Schlaf. Trinkgelder verboten – das war der letzte Gedanke, und ein sehr schöner für einen müden Reisenden!

Am nächsten Morgen fuhr ich mit dem Autobus nach Knossos. Bis zu den Ruinen waren es noch ungefähr anderthalb Kilometer zu Fuß. Ich war so beschwingt, dass ich glaubte, auf Wolken zu wandern. Endlich sollte sich mein Traum verwirklichen. Der Himmel war bewölkt, und ein leichter Sprühregen fiel, während ich einherwanderte. Wieder hatte ich, wie in Mykenä, das Gefühl, zu der Stätte hingezogen zu werden. Als ich schließlich um eine Biegung kam, blieb ich mit einem Ruck stehen; ich glaubte, ich sei angelangt. Ich schaute mich nach Ruinen um, doch es waren keine zu sehen. Einige Minuten lang starrte ich unbeweglich auf die Umrisse der flachen Hügel, die kahl gegen den blauen Himmel standen. Das muss die Stelle sein, sagte ich mir, ich kann mich nicht irren. Ich machte kehrt und ging durch Felder zum Boden einer Schlucht. Plötzlich entdeckte ich zu meiner Linken einen kahlen Bau mit grell bemalten Säulen – der Palast des Königs Minos. Ich befand mich an der Rückseite der Ruinen inmitten einer Gruppe von Gebäuden, die aussahen, als seien sie vom Feuer verzehrt. Ich ging um den Hügel zum Haupteingang und folgte einer kleinen Gruppe Griechen im Schlepptau eines Führers, der eine Sprache sprach, die mir wie reines Pelasgisch vorkam.

Über die Ästhetik von Sir Arthur Evans' Restaurationsarbeiten sind die Meinungen geteilt. Ich war nicht imstande, mir ein Urteil zu bilden, ich nahm das Geschaffene als eine Tatsache hin. Wie auch immer Knossos in der Vergangenheit ausgesehen haben mag, wie es auch immer in der Zukunft aussehen mag, das hier, was Evans geschaffen hat, ist das Einzige, was ich je kennen werde. Ich bin ihm dankbar für das, was er getan hat, dankbar, dass er mir ermöglichte, die große Treppe hinunterzusteigen und auf jenem wunderbaren Thron zu sitzen, dessen Kopie im Haager Friedenspalast steht und jetzt schon fast ebenso ein Denkmal der Vergangenheit ist wie das Original.

Knossos spiegelt in allem, was von ihm noch erhalten ist, die Pracht und die Kraft und den Überfluss eines mächtigen friedlichen Volkes wider. Es ist lebenslustig – lebenslustig, gesund, heilsam. Das gewöhnliche Volk spielte eine große Rolle, das ist offensichtlich. Es wird gesagt, dass im Laufe der langen Geschichte des minoischen Reiches jede den Menschen bekannte Regierungsform erprobt wurde; in vieler Hinsicht ist es geistig den modernen Zeiten – dem 20. Jahrhundert, würde ich sagen – näher als andere spätere Epochen der hellenischen Welt. Man spürt den Einfluss Ägyptens, die anheimelnde menschliche Unmittelbarkeit der etruskischen Welt, die weise organisierte Gemeinschaftsordnung der Inkas. Ich behaupte nicht, es zu wissen, aber ich fühlte, wie ich es selten vor Ruinen der Vergangenheit gefühlt habe, dass hier viele Jahrhunderte hindurch Friede geherrscht hat. Knossos hat etwas Erdnahes an sich, etwas von der Atmosphäre, die heraufbeschworen wird, wenn man von China oder Frankreich spricht. Die religiöse Note scheint angenehm abgeschwächt; Frauen spielten eine bedeutende, gleichberechtigte Rolle in den öffentlichen Angelegenheiten dieses Volkes; ein spielerischer Geist ist bemerkbar, kurz gesagt, die vorherrschende Note ist Freude. Man spürt, dass jene Menschen lebten, um zu leben, dass sie nicht von Gedanken an ein Jenseits geplagt wurden, dass sie nicht von einer übertriebenen Ahnenverehrung bedrückt und gehemmt wurden, dass sie religiös waren in der einzigen Weise, die dem Menschen ziemt: aus allem das Möglichste zu machen und das Äußerste aus jeder Minute des Daseins herauszuholen. Knossos war weltlich im besten Sinn des Wortes. Die Kultur, deren Inbegriff Knossos war, ging fünfzehnhundert Jahre vor dem Erscheinen des Erlösers zugrunde, nachdem sie dem Abendland eine der höchsten Leistungen des Menschen, das Alphabet, beschert hatte. In einer andern Gegend der Insel, in Gortyna, wurde diese Entdeckung durch riesige Steinblöcke verewigt, die in der Gegend aufgeschichtet sind wie eine Miniaturausgabe der Chinesischen Mauer. Heute ist der Zauber des Alphabets geschwunden, es ist eine tote Form, um tote Gedanken auszudrücken.

Auf dem Rückweg zum Autobus machte ich in einem kleinen Dorf halt, um etwas zu trinken. Der Gegensatz zwischen Vergangenheit und Gegenwart war ungeheuer, als sei das Geheimnis des Lebens verloren gegangen. Die Menschen, die sich um mich versammelten, schienen ungeschlachte Wilde zu sein. Sie waren ungewöhnlich liebenswürdig und gastfreundlich, aber im Vergleich zu den Minoern wirkten sie wie vernachlässigte Haustiere. Ich denke nicht an den mangelnden Komfort, denn was das anbelangt, mache ich keinen großen Unterschied zwischen dem Leben eines griechischen Bauern, eines chinesischen Kulis oder eines eingewanderten amerikanischen Hansdampf in allen Gassen. Ich denke an das Fehlen jener wesentlichen Elemente des Daseins, die eine wirkliche menschliche Gesellschaftsordnung ermöglichen. Der große fundamentale Mangel, der überall in unserer zivilisierten Welt offenbar ist, besteht im völligen Mangel jeglichen Gemeinschaftssinns. Wir sind geistige Nomaden geworden; was immer der Seele gebührt, ist herrenlos, wird von den Winden wie Treibsand und Strandgut hin und her geworfen.

Morgen gehe ich nach Phaistos, nahm ich mir vor, während ich mir wie eine geschuppte Wasserschlange meinen Weg bahnte. Ich musste mich immer wieder daran erinnern, dass ich auf Kreta war, einem ganz andern Kreta, als ich es mir in meinen Träumen vorgestellt hatte. Wieder hatte ich, wie nach der Lektüre eines Romans von Dickens, das Gefühl, in einer verschrobenen, verkrüppelten, von einem müden Mond beleuchteten Welt zu sein: in einem Land, das alle Katastrophen überlebt hat und jetzt wie Blut in den Adern zuckt, einem Land von Eulen und Reihern und wunderlichen Reiseandenken, wie Matrosen sie aus fernen Ländern mitbringen. Als ich in dem Mondlicht wie ein untergehendes Schiff durch die stillen Straßen steuerte, fühlte ich mich von der Erde durch eine mir bisher unbekannte Zone getragen. Ich war den Sternen ein bisschen näher.

Kreta vermag den Geist zum Schweigen zu bringen, den Aufruhr der Gedanken zu stillen. Schon so lange, so glühend hatte ich mir gewünscht, Kreta kennenzulernen, den Boden von Knossos zu betreten, einen verblichenen Fries anzuschauen, dort zu wandern, wo »sie« gewandert waren. Ich hatte meinen Sinn nur auf Knossos gerichtet, ohne an den Rest der Insel zu denken. Dass Homer die hundert Städte auf Kreta besungen hatte, wusste ich nicht, weil ich mich nie dazu aufgeschwungen hatte, Homer zu lesen; dass man Überbleibsel aus der minoischen Kultur im Grabe von Akhenaton gefunden hatte, wusste ich auch nicht. Ich wusste oder glaubte weiter nichts, als dass hier in Knossos auf einer Insel, die kaum jemand heutzutage aufsucht, vor zweieinhalb oder drei Jahrtausenden, vor der Morgendämmerung jenes Segens, den man Christentum nennt, eine Lebensart eingeführt wurde, die alles, was seitdem in unserer westlichen Welt geschah, farblos, krankhaft, gespenstisch und verhängnisvoll erscheinen lässt. Diese westliche Welt, so sagen wir, dachte nie daran, jene großartigen sozialen Experimente zu versuchen, die in Süd- und Mittelamerika gemacht worden waren; unsere oberflächliche Beobachtung der Geschichte behandelt sie immer nur als reine Zufälle zwischen dem Mittelalter und der Entdeckung Amerikas, als bezeichne diese Bastardblüte des nordamerikanischen Kontinents die Fortsetzung der wahren Entwicklung der menschlichen Evolution. Auf König Minos' Thron sitzend, war mir Montezuma näher als Homer oder Praxiteles oder Cäsar oder Dante. Die minoischen Schrifttafeln betrachtend dachte ich an die Maya-Inschriften, die ich einst im Britischen Museum gesehen hatte und die mir als die wunderbarsten, naturgetreuesten, künstlerischsten kalligrafischen Beispiele in der langen Geschichte der Schrift in Erinnerung geblieben sind. Knossos oder das, was dort vor fünftausend Jahren geschah, ist wie die Nabe eines Rades, dessen zahlreiche Speichen nur eingesetzt wurden, um zu verfaulen. Das Rad war die große Entdeckung; seitdem hat sich die Menschheit in einem Labyrinth kümmerlicher Erfindungen verloren, die nur Zubehörteile der großen ursprünglichen Revolution sind.

Am nächsten Morgen erwachte ich und bestellte, ohne nach dem Wetter zu schauen, einen Wagen. Während ich in der prächtigen Limousine davonfuhr, nahm ich mir zwei Dinge vor: erstens, nicht zu vergessen, mich in Phaistos nach Kyrios Alexandros zu erkundigen, und zweitens, festzustellen, ob der Himmel dort der Erde wirklich näher sei als sonst wo auf der Welt, wie Monsieur Herriot gesagt haben soll, als er zur Einhegung des Palastes hinaufstieg.

Wir fuhren durch das verfallene Tor, in einer Wolke von Staub, fliehenden Hühnern, Katzen, Hunden, Truthähnen, nackten Kindern und schreienden Straßenhändlern links und rechts; wir brausten in rasendem Tempo in das trübselige, graue, guttaperchaähnliche Gelände, das die Stadt wie Mörtel umschließt, der eine riesige Spalte ausfüllt. Weder Wölfe noch Geier noch giftige Schlangen waren sichtbar. Eine in Zitronen und Orangen gebadete Sonne hing drohend über dem schwülen Land in jenem grellen Glanz, der van Gogh berauscht hat. Ohne es zu merken, kamen wir von dem öden Land in ein fruchtbares Hügelgebiet mit buntfarbigen Feldern; es erinnerte mich an jenes gelassene, sichere, heitere Lächeln, das unsere Südstaaten zeigen, wenn man durch Virginia fährt.

Wir rollen auf einem rauen, zerklüfteten Berghang in eine ungeheure Ebene hinunter. Die Höhen sind mit starrem Gestrüpp bedeckt, das den blauen Stacheln eines Stachelschweins gleicht. Hier und dort gibt es kahle Flecken aus rotem Lehm, Geröllstreifen, Sanddünen, ein Erbsenfeld, einen wie Champagner schäumenden See. Wir fahren durch ein Dorf, das zeitlos ist, keinem Land angehört, eine Zufallsschöpfung, ein plötzlicher Spross menschlicher Tätigkeit, weil irgendjemand zu irgendeiner Zeit zum Schauplatz der Metzelei zurückgekehrt ist, um in den Ruinen eine alte Fotografie zu suchen, und aus Trägheit dort geblieben ist, wodurch er Fliegen und andere belebte und unbelebte Daseinsformen angezogen hat.

Weiter … Ein einsames rechteckiges Haus, das tief in den Boden gesunken ist, eine einsame Behausung inmitten einer Leere. Es hat eine Tür und zwei Fenster, es ist wie eine Schachtel gebaut. Der Unterschlupf eines menschlichen Wesens. Was für ein Wesen? Wer wohnt hier? Warum? Das amerikanische Landschaftsbild ist vorüber. Wir durchqueren nun das mesopotamische Hinterland, wir fahren über tote Städte, über Elefantenknochen, über grasbedeckten Meeresboden. Es beginnt zu regnen, ein plötzlicher kurzer Schauer, der die Erde zum Dampfen bringt. Ich steige aus und stapfe durch einen See voll Schlamm, um die Ruinen von Gortyna zu besichtigen. Ich folge der Inschrift an der Mauer. Sie spricht von Gesetzen, die niemand mehr hält. Die einzigen Gesetze, die dauern, sind die ungeschriebenen. Der Mensch ist ein die Gesetze brechendes Tier, allerdings ein zaghaftes.

Es ist Mittag, ich möchte in Phaistos essen. Wir fahren weiter. Der Regen hat aufgehört, die Wolken haben sich gespalten, das Blau des Himmels breitet sich wie ein Fächer aus und zersetzt sich in dieses violette Licht, das alles Griechische heilig, natürlich, vertraut erscheinen lässt. In Griechenland möchte man im Himmel baden, möchte sich der Kleider entledigen und sich in das Blau des Himmels stürzen. Man möchte in der Luft schweben wie ein Engel oder steif im Gras liegen und die Wollust eines Starrkrampfes genießen. Stein und Himmel vermählen sich hier. Es ist die ewige Morgendämmerung des Erwachens der Menschheit.

Der Wagen gleitet über einen Wildpfad und hält am Rand eines verwilderten Parks. »Dort oben«, erklärt der Chauffeur, auf einen steilen Felshang deutend, »ist Phaistos.« Er hat das Wort ausgesprochen. Es war wie ein Zauber. Ich zögerte, ich wollte mich vorbereiten.»Nehmen Sie Ihr Essen mit«, riet der Mann, »es ist leicht möglich, dass es dort nichts zu essen gibt.« Ich klemmte die Schuhschachtel unter den Arm und begann langsam, sinnend, ehrfürchtig die Wallfahrt.

In der Tiefe der Schlucht überquerte ich ein paar Holzbrücken und blieb wieder in dem Schlamm stehen, der bis über meine Schuhspitzen reichte, um die kurze Strecke zu betrachten, die ich zurückgelegt hatte. Bei der Wegbiegung wird der mühsame Aufstieg beginnen. Ich hatte das Gefühl, von Rehen umgeben zu sein. Und ich hatte das starke, intuitive Gefühl, dass Phaistos die Frauenburg der Dynastie Minos gewesen war. Der Historiker wird lächeln, er weiß es besser. Doch in diesem Augenblick und von da ab und für immer wird Phaistos für mich trotz aller Beweise, trotz aller Logik die Residenz der Königinnen. Jeder Schritt nach oben verstärkte dieses Gefühl.

Als ich am Kamm des Felshangs angekommen war, sah ich einen schmalen Pfad vor mir, der zu dem Haus führte, das am Rand der Ruinen für die Reisenden errichtet war. Plötzlich erblickte ich am andern Ende des Pfades einen Mann, der sich, als ich näher kam, wieder und wieder verbeugte. Das muss Kyrios Alexandros sein, dachte ich.

»Gott hat Sie hergesandt«, sagte er, zum Himmel deutend und mir verzückt zulächelnd. Liebenswürdig nahm er mir meinen Mantel und meine Lunchschachtel ab und erklärte, während er vor mir herging, begeistert, was für eine Freude es für ihn sei, wieder einmal einen Menschen zu sehen. »Dieser Krieg«, sagte er, die Hände ringend und in stummem Flehen andächtig die Augen zum Himmel hebend, »dieser Krieg … kein Mensch kommt mehr her. Alexandros ist ganz allein. Phaistos ist tot. Phaistos ist vergessen.« Er blieb stehen und pflückte eine Blume, die er mir überreichte und dabei traurig anschaute, als täte sie ihm wegen ihres betrüblichen Schicksals leid, so unbemerkt blühen zu müssen. Ich war stehen geblieben, um die hinter uns ragenden Berge zu betrachten. Alexandros stand neben mir und wartete stumm und respektvoll darauf, dass ich etwas sagte. Ich vermochte es nicht. Ich legte ihm die Hand auf die Schulter und versuchte mit feuchten Augen, meine Gefühle zu vermitteln. Er blickte mich wie ein treuer Hund an; dann ergriff er meine Hand, die auf seiner Schulter lag, beugte sich tief und küsste sie.

»Sie sind ein guter Mensch«, sagte er. »Gott hat Sie mir gesandt, um meine Einsamkeit zu teilen. Alexandros ist sehr glücklich. Kommen Sie!« Er nahm mich an der Hand und führte mich um das Haus zu dessen Vorderseite. Er tat es, als sei er im Begriff, mir das schönste Geschenk zu machen, das ein Mensch einem andern zu geben vermag. »Ich schenke dir diese Erde und alle Segnungen, die sie enthält«, sagte sein beredter, stummer Blick. Ich sah mich um, ich erwiderte: »Mein Gott, es ist unglaublich!« Ich wandte die Augen ab, es war zu viel, um alles auf einmal in sich aufzunehmen.

Alexandros war für einen Augenblick ins Haus gegangen, ich schritt langsam auf dem Platz hin und her und betrachtete das großartige Bild vor mir. Ich war wie berauscht, ich kam mir vor wie einer der großen Monarchen der Vergangenheit, die ihr Leben der Förderung von Kunst und Kultur gewidmet hatten. Ich empfand nicht mehr das Bedürfnis nach Reichtum, ich hatte den Höhepunkt erreicht, ich wollte schenken, verschwenderisch, bedenkenlos alles verschenken, was ich besaß.

Alexandros erschien mit einem Lappen, einer Schuhbürste und einem rostigen Messer, kniete nieder und begann, meine Schuhe zu putzen. Ich war nicht im Geringsten verlegen, ich sagte mir, er soll tun, was er will, es macht ihm Freude. Ich überlegte vage, was ich selbst tun würde, um den Menschen klarzumachen, welch große Glückseligkeiten für uns alle aufgespeichert sind. Ich sandte meinen Segen in alle vier Himmelsrichtungen – für Jung und Alt, für die verwahrlosten Wilden in den vergessenen Winkeln der Erde, für wilde Tiere ebenso wie für Haustiere, für die Vögel in der Luft, für die Vierfüßler, für Bäume und Pflanzen und Blumen, für Felsen und Seen und Berge. Das ist das erste Mal in meinem Leben, sagte ich mir, dass ich jeden und alles auf dieser Erde in einem einzigen Gedanken umschlossen habe. Gesegnet sei die Erde, gesegnet sei jeder Fußbreit dieser Erde, jedes lebende Atom, und alles ist lebendig, atmet wie ich und ist sich dessen völlig bewusst.

Alexandros, der einen Tisch herausbrachte und ihn deckte, schlug mir vor, umherzugehen und die Ruinen anzuschauen. Ich hörte ihm zu, verzückt. Jawohl, ich sollte wohl umhergehen und alles in mich aufnehmen. Das ist so Brauch. Ich ging die breiten Stufen des Palastes, der dem Boden gleichgemacht war, hinunter und sah mich mechanisch um. Ich hatte nicht den leisesten Wunsch, herumzuschnüffeln und steinerne Fensterrahmen, Urnen, Köpfe, Spielzeug, Gebetskammern und dergleichen anzuschauen. Unter mir breitete sich, einem unendlichen Zauberteppich gleich, die Ebene von Messara, eingeschlossen von majestätischen Gebirgsketten. Von dieser erhabenen Höhe sieht sie aus wie der Garten Eden. An diesen Toren des Paradieses machten die Nachkommen von Zeus auf ihrem Weg zur Ewigkeit halt, um einen letzten Blick auf die Erde zu werfen, und sie sahen mit den Augen der Unschuldigen, dass die Erde wirklich das ist, was sie immer geträumt hatten: eine Stätte der Schönheit und der Freude und des Friedens. Im Grunde seines Herzens ist der Mensch ein Engel, im Herzen ist er eins mit der ganzen Welt. Phaistos birgt alle Elemente des Herzens, es ist weiblich durch und durch. Alles, was der Mensch vollbracht hat, ginge verloren, gäbe es nicht dieses letzte Stadium der Bußfertigkeit, das hier im Sitz der himmlischen Königinnen verkörpert ist.

Ich ging umher, umfasste das vor mir liegende Bild von allen Winkeln. Mein Blick zog einen Kreis innerhalb des Bergrings. Über mir war das große Gewölbe ohne Dach, zur Unendlichkeit geöffnet. Monsieur Herriot hatte recht und unrecht zugleich. Man ist dem Himmel näher, aber auch entfernter denn je von allem, was jenseits liegt. Den Himmel zu erreichen ist nichts, ein Kinderspiel, von diesem erhabenen irdischen Punkt aus, aber jenseits davon zu gelangen, auch nur für einen Augenblick den Glanz und die Pracht jenes leuchtenden Reiches zu erreichen, in welchem das Licht der Himmel nur ein schwacher, kümmerlicher Schimmer ist, ist unmöglich. Hier werden die erhabensten Gedanken zunichte, in ihrem Flug durch einen immer dichter werdenden Heiligenschein aufgehalten, durch einen Schein, dessen strahlender Glanz den Denkprozess erstarren lässt. Denken ist höchstens eine geistige Spekulation, ein Zeitvertreib, so wie die Maschine es genießt, wenn sie Funken sprüht. Gott hat alles im Voraus bedacht. Wir brauchen keine Probleme zu lösen, es ist alles für uns gelöst worden. Wir müssen nur zerschmelzen, uns auflösen, um in der Lösung zu baden. Wir sind zergehende Fische, und die Welt ist ein Aquarium.

Alexandros winkte mir. Das Essen war fertig. Ich sah, dass er nur für mich gedeckt hatte, und ich bestand darauf, dass er auch für sich ein Gedeck hole. Es war nicht leicht, ihn zu überreden. Ich musste meinen Arm um ihn legen, mit dem Finger zum Himmel deuten, den Horizont entlangfahren, alles mit einer großen Geste umfassen, bevor ich ihn dazu bewegen konnte, das Mahl mit mir zu teilen. Er öffnete eine Flasche dunklen Rotweins, einen schweren, zu Kopf steigenden Wein, der uns mit ein paar Oliven, etwas Schinken und Käse sofort in den Mittelpunkt des Weltalls versetzte. Alexandros bat mich, ein paar Tage zu bleiben. Er brachte das Gästebuch und zeigte mir, wann der letzte Gast da gewesen war. Es war offensichtlich ein betrunkener Amerikaner gewesen, der es für einen guten Witz gehalten hatte, sich als »Herzog von Windsor« einzutragen und hinzuzufügen: »O là, là, was für ein großartiger Abend!« Ich sah das Buch flüchtig durch und entdeckte zu meiner Überraschung den Namen eines alten Freundes. Ich wollte meinen Augen nicht trauen, und fast hatte ich Lust, den Namen auszustreichen. Ich fragte Alexandros, ob viele Amerikaner nach Phaistos kämen. Er bejahte es, und aus dem

Aufleuchten seiner Augen entnahm ich, dass sie großzügige Trinkgelder gegeben hatten. Und ich vermutete, dass sie auch den Wein geliebt hatten.

Ich glaube, der Wein hieß Mavrodaphne. Wenn nicht, sollte er so heißen, denn es ist ein schönes dunkles Wort und bezeichnet ihn treffend. Er fließt hinunter wie geschmolzenes Glas, rollt wie flüssiges Feuer, das Herz und Geist weitet, durch die Adern. Man fühlt sich schwer und leicht zugleich, man fühlt sich so flink wie die Antilope und vermag sich doch nicht zu bewegen. Die Zunge löst sich aus ihrer Verankerung, der Geschmack kräftigt sich angenehm, die Hände machen lose, ausholende Bewegungen, so wie man sie mit einem dicken weichen Farbstift machen möchte. Man möchte alles in Blutrot oder in pompejischem Rot mit pechschwarzen Spritzern malen. Gegenstände werden groß und verschwommen, Farben lebendiger und wirklicher, wie sie einem Kurzsichtigen erscheinen, wenn er die Brille abnimmt. Und vor allem ist es ein Wein, der das Herz erwärmt.

Ich saß da und sprach mit Alexandros in der Taubstummensprache des Herzens. In wenigen Minuten musste ich gehen. Ich war deswegen nicht unglücklich. Es gibt so wunderbare Erlebnisse, so einzigartige, dass der Gedanke, sie zu verlängern, die niederste Form der Undankbarkeit zu sein scheint. Wenn ich jetzt nicht gehen müsste, würde ich für ewig bleiben, der Welt den Rücken zukehren, auf alles verzichten.

Vor dem Abschied schlenderte ich noch einmal umher. Die Sonne war verschwunden, drohende Wolken türmten sich, der glänzende Teppich der Ebene von Messara war unter dem bleiernen Himmel von dunklen Schattenflecken und schwefelgelbem Lichtschimmer gestreift. Die Berge schienen sich zu nähern und wurden mit ihrem sich verändernden, meergrünlichen Blau immer wuchtiger und drohender. Vor einem Augenblick noch schien die Welt ätherisch, träumerisch gewesen zu sein, ein schwankendes, schwindendes Panorama; plötzlich hatte sie Substanz und Gewicht angenommen, die schimmernden Umrisse ballten sich zu einer orchestralen Masse. Die Adler schwebten aus ihren Horsten und hingen am Himmel wie Unheil kündende Boten der Götter.

Ich sagte Alexandros Lebewohl, er brach in Tränen aus. Hastig wandte ich mich um und ging auf dem schmalen Pfad längs dem Felsrand davon. Doch kaum hatte ich ein paar Schritte gemacht, als er mir nachkam; er hatte rasch ein Blumensträußchen gepflückt, das er mir in die Hand drückte. Wir verabschiedeten uns noch einmal. Dann blieb er stehen und winkte mir, wenn ich mich ab und zu umschaute. An dem steilen Abstieg, auf dem ich mich zur Schlucht hinunterwinden musste, drehte ich mich zum letzten Male um. Er stand noch immer da, jetzt ein winziger Fleck, und winkte noch immer. Der Himmel war noch drohender geworden, bald würde alles in einem gewaltigen Wolkenbruch ertrinken. Ich überlegte beim Abstieg, wann ich Phaistos wiedersehen würde, wenn überhaupt je. Ich bedauerte, dass niemand dieses überwältigende Geschenk mit mir geteilt hatte, es war fast zu viel, um einen einzelnen Menschen damit zu beglücken. Aus diesem Grund wohl hatte ich Alexandros ein fürstliches Trinkgeld gegeben, nicht aus Großzügigkeit, wie er wahrscheinlich annahm, sondern aus schlechtem Gewissen. Selbst wenn niemand dort gewesen wäre, hätte ich eine Gabe zurückgelassen.

Nachwort

Der erste Eindruck ist stets derselbe, ob man sich Kreta zu Wasser oder aus der Luft nähert: Ein gewaltiges Gebirge wächst aus dem Meer. Kretas markantes Profil weckt Erwartungen an eine Welt für sich. Nicht selten ist daher vom »kleinen Kontinent« die Rede, der zwischen Europa, Afrika und Asien liegt. Und obschon die größte griechische Insel den südlichsten Teil Europas bildet, beschleicht einen auf Kreta nicht selten das Gefühl, auf fremdem Boden, unter andersartigen Menschen, etwas Besonderem auf der Spur zu sein.

Die Spur führt bis ins dritte vorchristliche Jahrtausend zurück, zu den sogenannten Minoern, deren großartige Hinterlassenschaften von einer hochentwickelten Kultur berichten. Sie führt zu römischen Zisternen, venezianischen Wassermühlen, byzantinischen Fresken und türkischen Minaretten, die von Kretas wechselvoller Geschichte erzählen. Sie führt auch hinein in eine einzigartige Bergwelt, die reich ist an Höhlen und tiefen Schluchten.

So verwundert es nicht, dass die Insel zu einem sagenumwobenen Ort wurde, der Fantasien nährt und, damals wie heute, Menschen in seinen Bann zieht und zum Nachdenken anregt. Die Texte dieses Bands zeugen davon. Einheimische Schriftsteller als auch wissensdurstige Forschungsreisende und Kreta-Liebhaber geben ihre persönlichen Erfahrungen preis und gehen den kretischen Geheimnissen und Eigenheiten auf den Grund.

»Cherete!«, »Freue dich!«, wird Erhart Kästner in der Messara begrüßt, als er 1943 auf seinem Esel die Insel überquert. Die sprichwörtliche kretische Gastfreundschaft macht es dem Fremden leicht, mit Land und Leuten in Kontakt zu treten. Dabei war Erhart Kästner im Auftrag der deutschen Besatzer unterwegs, um Bücher für die kämpfenden Soldaten zu schreiben. Liegt es daran, dass die Griechen nur ein Wort für »Gast« und für »Fremder« kennen, weshalb sie selbst den Feind als »Xenos« betrachten, den es zu empfangen gilt? Auch Roland Hampe kommt etwa zur selben Zeit in den Genuss des heiligen Gastrechts. Er war als Dolmetscher der Wehrmacht auf der Insel tätig und in dieser Funktion zu einer kretischen Hochzeit eingeladen – auf der er es sich jedoch nicht nehmen lässt, konspirativ seine Verbundenheit mit den Einheimischen zum Ausdruck zu bringen. Gleichwohl gehören die Jahre der deutschen Besetzung Kretas im Zweiten Weltkrieg zu den dunkelsten Kapiteln der Inselgeschichte. Werner O. Feißt berichtet über den unheilvollen Überfall aus der Luft.

Seit in den 1970er-Jahren der Charterflugverkehr aufkam und Scharen von Pauschalurlaubern nach Kreta brachte, wird die Tradition der Gastfreundschaft vielleicht etwas zurückhaltender gepflegt. Verlässt man jedoch die ausgetretenen Pfade des Massentourismus, kann es einem noch heute passieren, dass man wie Ulrich Kadelbach im Kafenion in die Runde der Stammgäste aufgenommen oder wie Thomas Balistier zum »Ersten Raki« eingeladen wird.

Zwei bedeutende Söhne der Insel berichten über ihr inniges Verhältnis zur Heimat. Mikis Theodorakis, der später mit seinen Kompositionen große Berühmtheit erlangte, kehrt gebrochen und schwer verwundet nach Kreta zurück. Als kommunistischer Regimegegner wurde er auf die KZ-Insel Makronissos deportiert und schwer gefoltert. Nur weil sein Vater Hab und Gut zu Geld gemacht hatte, um den Sohn auszulösen, entging er dem Tod. Väterliche Unterstützung erhielt rund ein halbes Jahrhundert zuvor auch Nikos Kazantzakis: »Die Rosinen-, die Wein- und die Ölernte, alles soll zu Papier werden« für den Sohn, ein Vaterwunsch, der in Erfüllung gehen und Kretas größten Schriftsteller hervorbringen sollte. Als Schöpfer von *Alexis Sorbas* ist Nikos Kazantzakis weltweit bekannt, als rastlos Suchenden lernt man ihn in »Vor dem Tor zum Paradies« kennen.

Was wäre Kreta ohne seine Mythen? Auf Schritt und Tritt begleiten sie den Reisenden, verfolgen ihn gar bis in seine Träume. So geschehen »Im Labyrinth«, in das sich der Kretakenner Arn Strohmeyer hinabwagte. Wo einst der Minotaurus gehaust und seinen Menschenopfern aufgelauert hat, entdeckt Strohmeyer einen Ort unserer geheimsten Sehnsüchte und Urängste. André Gide war sich dieser tiefenpsychologischen Deutung des alten Stoffs wohl bewusst, als er Theseus zum schönen Ungeheuer schickte und 1946 eine moderne Version des antiken Mythos schuf. Auch dem Göttervater Zeus begegnet man auf Kreta allerorts, gleich zwei Höhlen beanspruchen den Titel, seine Geburtsstätte zu sein. Wie dieser Zwist beigelegt wurde, erfährt man im aktuellen Reisebericht des englischen Schriftstellers Barry Unsworth. Und Ovid macht in seiner Fassung vom Raub der Europa klar, mit welchen Verführungskünsten es dem lüsternen Zeus gelang, die phönizische Prinzessin Europa nach Kreta zu entführen.

Eine Vielzahl von Legenden ranken sich auch um den schon von Homer besungenen König Minos. Nach ihm wurde die Hochkultur, die der Archäologe Arthur Evans Anfang des 20. Jahrhunderts wiederentdeckte, die minoische genannt. Die gigantische Palastanlage, die Arthur Evans bei Knossos freilegt, versetzt seinen deutschen Kollegen Georg Karo in Staunen, nachzulesen in dessen plastischem Bericht über die Grabungsarbeiten. Bis heute ist umstritten, ob der Brite bei der Rekonstruktion des Palasts dem Original nahekam. Ungeklärt ist auch die Frage, ob die minoische Kultur matriarchale Strukturen aufwies und weibliche Schöpfungsgottheiten verehrte, die Evans im sogenannten »Ring des Nestor« zu erkennen glaubt. Dass die von ihm ausgegrabenen Palastruinen aber noch spätere Besucher magisch anzuziehen vermögen, zeigen die Reisegeschichten der beiden Griechenlandvagabunden Henry Miller und Jacques Lacarrière.

Drei griechische Schriftsteller und ein Botaniker führen uns schließlich noch zu besonders reizvollen Flecken der Insel. Pandelis Prevelakis legt dem Leser seine Heimatstadt Rethymno ans Herz und schildert, wie Kreter und Türken vor dem Bevölkerungsaustausch friedlich nebeneinander lebten. Dabei stößt er auf das Schicksal von Madame Hortense, Kretas legendärster Mätresse, die Nikos Kazantzakis zu Alexis Sorbas' Geliebter machte. Dimitris Papadakis, ebenfalls Kreter, taucht mit dem Lyraspieler Kolombatsis in die eigensinnige Welt der Messara-Ebene ein, während Stratis Myrivilis die stolzen Bewohner der Sfakia, ein »Volk von Adlern«, porträtiert. Der Naturforscher Franz Wilhelm Sieber erklimmt bereits anno 1817 den höchsten Gipfel Kretas, den 2456 Meter hohen Psiloritis, und tut sich beim Abschied verständlicherweise schwer.

Vielleicht konnte der Leser dem einen oder anderen Rätsel dieser Mittelmeerinsel auf die Schliche kommen. Vielleicht hat er auch erkannt, dass sagenhafte Geschichten und Halbwahrheiten, wie sie zum Beispiel im »Streit um den ältesten Baum der Welt« zum Vorschein kommen, Teil der kretischen Kultur sind. Sollte sein (Wissens-)Durst noch nicht gestillt sein, so sei ihm geraten, das nächste Kafenion anzusteuern und sich von den Dorfältesten bei einem Glas Raki in die letzten Geheimnisse Kretas einweihen zu lassen.

Ulrike Frank

Worterklärungen

Adlatus Gehilfe

Atlas Titan aus der griechischen Mythologie; sein Enkel war der Götterbote Hermes

Aurora römische Göttin der Morgenröte

Bairamfest türkischer Name zweier großer Feste des Islam; das kleine Bairamfest ist das Fest des Fastenbrechens, das große erfolgt 70 Tage darauf zum Andenken an Abrahams Opfer

Böser Blick nach dem Aberglauben der Kreter kann der Blick des bösen Auges Schaden anrichten; zur Abwehr wird am 1. Januar die Meerzwiebel über die Haustür gehängt und am 1. Mai Knoblauch in den Maienkranz geflochten

Candia mittelalterlicher, von den Venezianern stammender Name für die Stadt Iraklion, der auf die gesamte Insel übertragen wurde

Chthonisch der Erde angehörig, unterirdisch

Efendi »Herr«, türkische Anrede

Epimenides Philosoph, Seher und Priester, der im 7./6. Jh. v. Chr. auf Kreta und in Athen lebte

Erdbeerbaum immergrüne Pflanze aus der Familie der Heidekrautgewächse

Fez arabisch-türkische Kopfbedeckung

Foeller, Peter Berliner Maler, der sich auf Kreta niedergelassen hat

Franken hier: Bezeichnung für Ausländer

Gergeri, Nivritos, Zaros, Voriza und *Kamares* Bergdörfer auf dem Südhang des Ida-Gebirges

Griechischer Bürgerkrieg (1942–1949) militärische Auseinandersetzung zwischen der kommunistisch kontrollierten Nationalen Befreiungsarmee (ELAS) bzw. ihrer politischen Organisation, der Nationalen Befreiungsfront (EAM), und Truppen, die die aus dem Exil zurückgekehrte griechische Zentralregierung in Athen unterstützten

Hephaistos griechischer Gott des Feuers und der Schmiede

Jupiter/Juppiter höchste Gottheit der römischen Mythologie, mit Zeus gleichgesetzt

Kafenion traditionelles Kaffeehaus

Kallimachos (um 310 v. Chr.–240 v. Chr.) griechischer Gelehrter und Dichter

Kamares Keramikstil aus der Frühpalastzeit Kretas (um 1900 v. Chr. bis 1650 v. Chr.)
Kapitell oberer Abschluss einer Säule
Kentaur Pferdemensch mit dem Kopf und den Schultern eines Mannes und dem Körper und den Beinen eines Pferdes
Kloster Arkadi Kloster in Westkreta, das im Unabhängigkeitskampf gegen die türkische Herrschaft traurige Berühmtheit errang: Am 8.11.1866 sprengten sich dort fast 1000 Menschen in die Luft, um der Gefangennahme durch die Türken zu entgehen.
Kostas Koseform des Vornamen Kostantis
Laren altrömische (Haus-)Schutzgötter
Leventia Bezeichnung für Jugendkraft, Männlichkeit, Tapferkeit und Edelmut; *Leventis* nennt man den Mann, der über diese Eigenschaften verfügt
Libysche Syrten Bucht des Mittelmeeres an der Nordküste Libyens
Lohe Glut, Flamme
Lyra antikes Saiteninstrument, das noch heute von den Männern auf Kreta gespielt wird
Lyrarena die Frau des Lyraspielers
Lyrarogiorgis Giorgis, der Sohn des Lyraspielers
Makronisos/Makronissos westlichste Insel der griechischen Kykladen, wo während des Bürgerkriegs politisch Andersdenkende gefangen gehalten und gefoltert wurden; ein dort Inhaftierter wird *Makronissiote* genannt
Mandinade/Mantinade traditionelle Lied- und Vortragsform, zum Teil überlieferte, zum Teil improvisierte Reime
Megalokastro früherer Name von Iraklion
Metropolit in der orthodoxen Kirche Leiter einer Kirchenprovinz
Nidhoger Drache der nordischen Mythologie an der Weltenesche *Yggdrasil,* der mit dem Tod und mit Schlangen in Verbindung steht
Oza und *Skares* Tiere und Geier im kretischen Dialekt
Para osmanische Währungseinheit
Pelasger eine der ältesten Bevölkerungen Griechenlands
Phöbus Beiname des Apollon, Sohn des Zeus und der Leto, Gott des Lichts und der Künste
Pithos (Plural *Pithoi*) tönernes, bis zu mannshohes Vorratsgefäß, das auf Kreta immer noch benutzt wird
Rouvas Gebirgsschlucht im südlichen Ida-Gebirge

Seferis, Giorgos (1900–1971) griechischer Schriftsteller und Diplomat, erhielt 1963 den Literaturnobelpreis

Sfakia Gemeinde an der Südküste Kretas; der Dialekt der Sfakioten (und der Kreter allgemein) kennzeichnet sich dadurch, dass »k« vor hellen Vokalen durch »ts« ersetzt wird

Smyrna früher hauptsächlich von Griechen und Armeniern bewohnte Stadt in Kleinasien (heute Izmir), die 1919 und 1922 Schauplatz furchtbarer Massaker wurde, welche zum großen Bevölkerungsaustausch von Türken und Griechen führten

Stifado Gulaschgericht

Syrtos traditionelles Musikstück, das auf Tanzrhythmen basiert

Thalassa Meeresgöttin der griechischen Mythologie

Thebais Bearbeitungen des Sagenkreises um die griechische Stadt Theben

Thetis Meeresnymphe aus der griechischen Mythologie

Toise altfranzösisches Längenmaß, 1 Toise = 6 Pariser Fuß = 1,949 m

Totenklage auf Kreta verbreitetes Trauerritual

Tsikoudia/Tsipouro Raki, Weintresterschnaps

Venizelos, Eleftherios (geboren 1864 auf Kreta, gestorben 1936) erster demokratisch gewählter Ministerpräsident Griechenlands, Anhänger der *Enosis*-Bewegung, die den Anschluss der Insel an Griechenland erstrebte. Die widerstreitenden politischen Programme von Venizelos und von König Konstantin teilten die Bevölkerung in Anhänger des Ministerpräsidenten und Anhänger des Königs.

Vraka traditionelle schwarze Pumphose der kretischen Männer; unter *Vrakaträger* versteht man den traditionellen Kreter

Zephir Windgottheit aus der griechischen Mythologie

Zerberus in der griechischen Mythologie der Höllenhund und Torhüter, der den Eingang zur Unterwelt bewacht

Die Schreibweisen der Personen- und Ortsnamen entsprechen der jeweiligen Schreibweise in den Originaltexten. Da Bezeichnungen im Laufe der Zeit wechselten und es keine amtliche Transkription des Neugriechischen gibt, wurde auf eine Vereinheitlichung verzichtet.

Autorinnen und Autoren

Mit * gekennzeichnete Titel wurden für diese Anthologie vom Verlag neu gesetzt.

Thomas Balistier
geboren 1953, studierte Empirische Kulturwissenschaft und Soziologie und unterrichtete am Ludwig-Uhland-Institut in Tübingen. Er ist Autor volkskundlicher Publikationen und seit 1998 Verleger von Reiseliteratur zu Griechenland und Kreta.
»Der erste Raki«, aus: Thomas Balistier, *Kretischer Raki – Raki-Kultur. Kreta und sein Nationalgetränk. Eine Einführung.* ©Verlag Dr. Thomas Balistier, Mähringen 1999.

Arthur Evans
geboren 1851 in Nash Mills, gestorben 1941 nahe Oxford. Der britische Archäologe ging als Entdecker der minoischen Kultur in die Geschichtsbücher ein. Im März 1900 begann er mit seinen Ausgrabungen auf Kreta und legte in kürzester Zeit den Palast von Knossos frei. 1911 zum Ritter geschlagen, leitete Evans bis 1935 die Grabungsarbeiten weiter und verfasste sein fünfbändiges Opus magnum *The Palace of Minos*.
»Der Ring des Lebens und die Macht der Göttin«*, aus: Sir Arthur Evans, *The Palace of Minos,* Band 3, London 1921–35. Deutsch aus: Frederik Hetmann (Hrsg.), *Wie Frauen die Welt erschufen.* © d. dt. Ausgabe Unionsverlag, Zürich 1999. Aus dem Englischen von Frederik Hetmann.

Werner O. Feißt
geboren 1929 im Breisgau, gestorben 2006 in Basel, war Fernsehmoderator, Journalist und Buchautor. Er gilt als Pionier des deutschen Bildungsfernsehens, drehte eine Dokumentation über die Besetzung Kretas durch die Deutschen und war Mitbegründer der Kochsendung *Was die Großmutter noch wusste.*
»Als die Deutschen vom Himmel fielen«, aus: *Merian Kreta,* Nr. 2/43, 1990. © Jahreszeiten Verlag GmbH, Hamburg 1990.

Amalia van Gent
Enkelin von Türken, die nach Griechenland flohen, kam als Teenager mit ihren Eltern in die Schweiz. Als langjährige Auslandskorresponden-

tin der *NZZ* in Istanbul berichtet sie über das Leben vor Ort. Ihre jüngste Publikation, *Leben auf Bruchlinien* (2008), ist ein Porträt der modernen Türkei.
»Der Streit um den ältesten Baum der Welt«* (»Der Olivenkranz-Konflikt«), aus: *NZZ*, 27. August 2004. © Amalia van Gent 2004.

Roland Hampe
geboren 1908 in Heidelberg, gestorben 1981 ebendort, war ein klassischer Archäologe. Er nahm an der Grabung in Olympia teil und blieb während der deutschen Besatzungszeit als Dolmetscher der Wehrmacht in Griechenland. Er engagierte sich für den Kunstschutz und trug konspirativ zur Rettung Athens im Oktober 1944 bei. Nach dem Krieg trat er eine Professur an und übersetzte Homers *Ilias* und *Odyssee*.
»Hochzeit auf Kreta«, aus: Georg Rohde et al. (Hrsg.), *Edwin Redslob zum 70. Geburtstag*, Erich Blaschke Verlag, Berlin 1955. © Roland Hampe 1955.

André Gide
geboren 1869 in Paris, gestorben 1951 ebendort, Spross einer reichen Familie, revoltierte gegen die bürgerlichen Konventionen. Als Mitbegründer und Herausgeber der literarischen Zeitschrift *Nouvelle Revue Française* war er einer der tonangebenden Literaten seiner Zeit. 1946 publizierte er sein letztes Werk *Thésée*, eine fiktive Autobiografie des antiken Sagenhelden Theseus. 1947 erhielt er den Nobelpreis für Literatur.
»Theseus und das schöne Ungeheuer«*, aus: André Gide, *Theseus*. © 1951 Deutsche Verlags-Anstalt, München, in der Verlagsgruppe Random House GmbH. Aus dem Französischen von Ernst Robert Curtius.

Ulrich Kadelbach
geboren 1938, studierte Theologie und Kunstgeschichte, unter anderem in Thessaloniki, arbeitete zwölf Jahre als Nahostreferent im Evangelischen Missionswerk und verfasst Bücher zu den Themen Orthodoxie, Naher Osten und Kreta.
»Einladung ins Kafenion und zum Fischfang«* (»Im Kafenion« und »Die Netze des Kostas«), aus: Ulrich Kadelbach, *Weihrauch und Ziegenkäse. Synkretistische Geschichten*. © Verlag Dr. Thomas Balistier, Mähringen 2001.

Erhart Kästner
geboren 1904 in Augsburg, gestorben 1974 in Staufen, war Bibliothekar und Sekretär bei Gerhart Hauptmann, bevor er sich als Kriegsfreiwilliger meldete und nach seiner Abkommandierung nach Griechenland 1940 den Auftrag erhielt, für die Soldaten Bücher über die »Denkwürdigkeiten von Griechenland« zu schreiben. So entstanden *Griechenland* (1942) und *Kreta* (1946).
»Cherete! – Die Insel der Gastfreundschaft«*, aus: Erhart Kästner, *Kreta. Aufzeichnungen aus dem Jahre 1943*. © Insel Verlag, Frankfurt a. M. 1975.

Georg Karo
geboren 1872 in Venedig, gestorben 1963 in Freiburg, war ein Klassischer Archäologe. Für seine Studien bereiste er den Mittelmeerraum, ab 1905 war er am Deutschen Archäologischen Institut in Athen tätig. Sein Interesse galt insbesondere der minoischen und der mykenischen Kultur.
»Mit Arthur Evans auf Ausgrabung«*, aus: Georg Karo, *Greifen am Thron. Erinnerungen an Knossos,* Bruno Grimm Verlag, Baden-Baden 1959. © Georg Karo 1959.

Nikos Kazantzakis
geboren 1883 in Iraklion, gestorben 1957 in Freiburg. Kretas größter Schriftsteller studierte Jura in Athen und Staatswissenschaft in Paris. Neben seiner Professur an der juristischen Fakultät von Athen übersetzte er und schrieb Romane, darunter *Freiheit oder Tod* und den autobiografischen Roman *Rechenschaft vor El Greco*. Mit *Alexis Sorbas,* 1946 erschienen, 1952 verfilmt, erlangte er Weltruhm.
»Alexis Sorbas – das Neujahrsgeschenk«*, aus: Nikos Kazantzakis, *Alexis Sorbas,* Piper Verlag 2001. © 1982 F. A. Herbig Verlagsbuchhandlung GmbH, München. Aus dem Neugriechischen von Alexander Steinmetz, überarbeitet von Isidora Rosenthal-Kamarinea.
»Vor dem Tor des Paradieses«* (»Kreta«), aus: ders., *Rechenschaft vor El Greco,* Rowohlt Verlag 1980. © 1964, 1967 by F. A. Herbig Verlagsbuchhandlung GmbH, München. Aus dem Neugriechischen von Isidora Rosenthal-Kamarinea.

Jacques Lacarrière
geboren 1925 in Limoges, gestorben 2005 in Paris, war ein französischer Schriftsteller, Dichter und Griechischübersetzer, vor allem aber ein

großer Reisender. Viele Jahre durchwanderte er Griechenland und Kreta zu Fuß und verewigte seine Erlebnisse in *Griechischer Sommer* (1975).
»Mein kretischer Sommer«* (»Digenis' Schatten«), aus: Jacques Lacarrière, *Griechischer Sommer. Wanderungen in Hellas,* Limes Verlag, Wiesbaden 1977. Aus dem Französischen von Monique Retterspitz.

Henry Miller

geboren 1891 in New York, gestorben 1980 in Los Angeles, war ein US-amerikanischer Schriftsteller mit deutschen Wurzeln. Neun Jahre gehörte er den »American Exiles« an und erregte Aufsehen mit seinem autobiografischen Roman *Wendekreis des Krebses* und der Erzählung *Mademoiselle Claude.* Sein berühmtes Griechenlandbuch *Der Koloß von Maroussi* entstand 1940, nachdem er das Land fünf Monate bereist hatte.
»Den Sternen ein bisschen näher«*, aus: Henry Miller, *Der Koloß von Maroussi. Eine Reise nach Griechenland.* ©1965 by Rowohlt Verlag GmbH, Reinbek bei Hamburg. Aus dem Amerikanischen von Carl Bach und Lola Humm-Sernau.

Stratis Myrivilis

geboren 1892 auf Lesbos, gestorben 1969 in Athen, gehört zu den großen griechischen Prosaautoren des 20. Jahrhunderts und war ein wichtiger Vertreter der Gruppe »Generation von 1930«. Zu seinen bekanntesten Werken zählen *Das Leben im Grab* und *Die Madonna mit dem Fischleib.*
»Die Sfakioten, ein Volk von Adlern«, aus: Nikos Thanos (Hrsg.), *Wohin ich auch reise ... Literarische Beschreibung Griechenlands.* © Romiosini Verlag, Köln 1998. Aus dem Neugriechischen von Doris Wille.

Ovid

geboren 43 v. Chr. in Sulmo in Mittelitalien. Der große römische Dichter schlug eine Senatorenlaufbahn aus und widmete sich lieber der Dichtkunst. In seinem Hauptwerk, den *Metamorphosen,* verarbeitete er die Sagen der griechischen und römischen Mythologie. Im Jahr 8 n. Chr. wurde er vom sittenstrengen Kaiser Augustus ans Schwarze Meer verbannt, wo er 17 n. Chr. starb.
»Die Entführung der Europa«* (»Europa«), aus: Ovid, *Metamorphosen,* Diogenes Verlag, Zürich 1998. © Ausgabe Sammlung Dieterich Nr. 35, Wiesbaden 1948. Aus dem Lateinischen von Thassilo von Scheffer.

Dimitris Papadakis
geboren 1934 in Zaros im Bezirk Iraklion, studierte Politikwissenschaft und machte auf Kreta Karriere als Staatsangestellter. Erst im Alter von 40 Jahren begann er zu schreiben. Bis zu seinem Tod 1991 verfasste er zahlreiche Bücher, in denen Kreta und seine Menschen im Mittelpunkt stehen.
»Die beste Lyra der Messara«* (»Die Lyra des Kolombatsis«), aus: Dimitris Papadakis, *Die letzten echten Kreter. Volkserzählungen.* © Verlag Kalendis, Athen 1994. Aus dem Neugriechischen von Marianne Sterling.

Pandelis Prevelakis
geboren 1909 in Rethymno, gestorben 1986 in Athen, war ein kretischer Lyriker, Dramatiker und Romancier und ein führendes Mitglied der Gruppe »Generation von 1930«. Von Beruf Archäologe und Kunsthistoriker, hat er mehrere »Mythistorien« verfasst. Mit der ersten, *Die Chronik einer Stadt,* hat er 1938 seiner Vaterstadt ein Denkmal gesetzt.
»Mein Rethymno – Chronik einer Stadt«*, aus: Pandelis Prevelakis, *Die Chronik einer Stadt. Erzählung,* Suhrkamp Verlag, Frankfurt a. M. 1981. Aus dem Neugriechischen von Gisela von der Trenck.

Franz Wilhelm Sieber
geboren 1789 in Prag, gestorben 1844 ebendort, war ein österreichischer Botaniker und Pflanzensammler. Seine ausgedehnten Forschungsreisen führten ihn 1817 nach Kreta. Zehn Monate erkundete er die Insel, seine Ergebnisse hielt er im fast 900 Seiten umfassenden Werk *Reise nach der Insel Kreta im griechischen Archipelagus 1817* fest.
»Auf den Gipfeln des Ida anno 1817«* (»Psiloritis«), aus: Franz Wilhelm Sieber, *Kreta 1817. Ein historischer Reisebericht,* hrsg. von Thomas Balistier, Verlag Dr. Thomas Balistier, Mähringen 2001.

Arn Strohmeyer
geboren 1942 in Berlin, studierte Philosophie, Soziologie und Slawistik. Er arbeitet als Journalist und schreibt Bücher, darunter etliche über die Insel Kreta, die er 1967 zum ersten Mal und seither immer wieder bereist hat.
»Im Labyrinth«, aus: Arn Strohmeyer, *Sorbas war ganz anders. Kretische Impressionen,* Verlag S. Simmering, Lilienthal 2003. © Arn Strohmeyer 2003.

Mikis Theodorakis

geboren 1925 auf der Insel Chios als Sohn eines kretischen Vaters. Der große Komponist gab sein erstes Konzert mit 17 Jahren und schuf ein reiches Œuvre aus Liedern, Sinfonien und Opern. Bekanntheit erlangte er nicht zuletzt durch seine Filmmusiken, z. B. für *Alexis Sorbas.* Während des Bürgerkriegs wurde er nach Makronissos verbannt. Sein bewegtes Leben hielt Theodorakis in der dreibändigen Autobiografie *Die Wege des Erzengels* fest.

Barry Unsworth

geboren 1930 in einer Bergarbeiterstadt in England, arbeitete als Englischlehrer in Athen und Istanbul, unternahm zahlreiche Reisen durch Griechenland und machte sich einen Namen als Verfasser historischer Romane. Für *Das Sklavenschiff* erhielt er 1992 den Booker Prize. Unsworth lebt mit seiner Frau in Umbrien.

Der Verlag dankt den Autorinnen und Autoren dieses Bandes, bzw. deren Vertretern, für die Überlassung der Abdruckrechte. Trotz intensiver Bemühungen konnten in einzelnen Fällen die Rechteinhaber nicht ermittelt werden. Sie werden gebeten, sich mit dem Verlag in Verbindung zu setzen.
Even with great effort some of the copyright holders could not be found. They are kindly requested to contact Unionsverlag.

Die Herausgeberin

Ulrike Frank, geboren 1975 in Ulm, studierte Romanistik und Germanistik in Stuttgart. Seit 2004 arbeitet sie als Verlagslektorin in Zürich.